U0106346

向扭計說不

黎潤芬　著

新雅文化事業有限公司
www.sunya.com.hk

序

這是一本拆解「扭計」的「工具書」。

「扭計」是地道的廣東話，形容小孩撒嬌、發脾氣、不聽話，目的是為了達到某些要求而哭哭鬧鬧。有時遇上「扭計」情況，對家長來說是很大的挑戰，既挑戰你的權威，也挑戰你的忍耐力。如果家長過分忍耐，便會擔心是否會寵壞子女；如果家長粗暴處理，又會產生其他的後遺症。總之，「扭計」是不容易拆解的。

當你翻開這本書的時候，我期望你的心情要平和一點。如果你心浮氣躁，我建議你還是改日再看這本書。陳太在書中經常提醒大家要「停一停，想一想」，就是希望我們作為家長的要考慮轉換角度，平靜心情，冷靜面對及積極解決困局。

我說這是一本「工具書」，因為這本書是以心理學權威的理論和角度去剖析「扭計」現象，提供向扭計說不的十式良方和應對方案；更重要的是引用不同的實際個案，讓家長思考子女的焦慮和如何轉化焦慮為成長的動力。

教育子女是一門深奧的學問，我們要活到老學到老，多聆

聽多觀察。如果我們懂得從教育子女的過程中學習，並經常鼓勵他們向前看，積極面對困難，子女的成長就不會有大問題。

　　最後，要讓這本「工具書」發揮威力，我們要牢記書中的一句話：「要令人改變，需有良好關係為基礎。」我們要培育子女，就要先耕耘，培養良好關係。沒有這種「關係」，「扭計」是無法拆解的。

戴健文
父親、兒子、資深傳媒人、學校校董

自序

　　香港人很推崇專家、專業人士，許多時主持講座或其他活動，主辦機構都會為我冠上「專家」名銜，如果給我選擇，我寧願說自己是一名「messenger」（傳遞信息的人）。我的工作是透過進修、閱讀（包括任何跟我的工作有關的資料、書籍、學術文獻等）、跟家長直接接觸，甚至加上個人經驗去學習理解事情，經過深思熟慮去為家長分析他們家庭的情況，協助他們找出家裏的資源去處理事情。在整個過程中，我會以謙卑的心去聆聽去理解每個家庭的需要和訴求，我不曾覺得自己的身分地位比任何一位家長高，甚至絕大部分時間，我會詢問他們解決問題的方法，因為每位家長一路走來都曾跌跌碰碰，在受傷中學到不少處理子女各種狀況的方法，跟家長交流我真的獲益匪淺，於是我成為了一個收集知識的人，然後把學習成果跟其他家長分享，所以以信差來形容我的角色也頗貼切。

　　從事心理輔導工作可算是我從小的心願，幸運地這個心願終於達成。其實我從沒刻意為自己鋪排成為處理家庭個案的「專家」，因緣際會我走上了這個位置。我堅信家必須由愛去維繫，夫妻之間要有愛和體諒，父母子女之間必須存在着愛和耐性，無論在輔導室也好，在文字媒體也好，我其實都在重複傳遞同一個信息：請好好愛你的家人，即使他做了你不認同的

事，甚至把你激怒了，令你尷尬了，但請謹記你一次失控便可能會造成家人一生永不磨滅的傷痛。

這本書的內容正是希望你透過理解和體諒去處理孩子的「行為問題」，我在本書中不厭其煩地再三強調：孩子的行為反映他的情緒，而背後必有着引發情緒的原因。書中向大家介紹殿堂級大師羅哲斯 (Carl Rogers) 對人的理解，當中蘊含的智慧無限，有助家長認識孩子行為背後的信息。

我衷心希望這本書能有助家長處理生活中的難題，如果你身邊有親朋戚友也對孩子的「扭計」情況一籌莫展，這本書可能是送給他們的最佳禮物。這本書不是我的第一本書，也應該不會是最後一本，未來的日子我會一直虛心地努力學習，然後把所學成果繼續跟大家分享。

黎潤芬

2014年6月

目錄
Contents

孩子為什麼「扭計」？

第一章
Chapter 1

前言

　　孩子到底為什麼「扭計」？大部分父母可能會這樣回答：脾氣壞、孩子固執、被寵壞了、非常心急、好勝、凡事都要爭第一⋯⋯

　　其實這樣去理解孩子不合作、哭鬧、不肯妥協，甚至出現反叛行為，是否對改變孩子有幫助呢？我一直相信孩子的行為不過是一種溝通媒體或工具，孩子一再重複的行為是想對父母說：爸媽，我想 / 我覺得 / 我需要⋯⋯

　　在這章裏，我希望從心理學角度跟你分析孩子扭計的內在原因；另外又會向你介紹美國現代備受推崇的心理學權威羅哲斯（Carl Rogers, 1902-1987）認為如果要令人在性格和行為有正面改變，必須具備的幾項條件。

　　羅哲斯提出的幾項條件，並非針對親子教育而寫，而是所有從事輔導、精神心理健康專業人士的學習理念，在我個人的輔導生涯裏，覺得這些條件絕對適合應用於親子教育上。多年的實踐經驗讓我理解到，只要能好好掌握和應用羅哲斯的理念，無論多困難的親子關係，最終都會得到改善，從而達到改變孩子行為方向的目的。

　　這章的最後，我會向你介紹一些心理學知識。大家一般都會覺得心理學是艱深難懂的學科，更不會聯想到心理學研究到底跟教養孩子有何關係。原來我們每天接觸的媒體資訊，許多都是來自心理學家和研究人員對孩子進行的研究，但我們要如何去理解和運用這些資料，讓我跟你們討論一下。

1. 孩子「扭計」的原因

　　孩子執意要做一件事情，父母會説他固執；孩子凡事都要第一，父母會認為他完美主義；孩子偏食，父母可能會責備孩子不乖。絕大部分向我訴苦的父母都覺得：孩子扭計只因孩子不乖，或是性格使然，他們只着眼於找出改變孩子的「有效方法」，而鮮有嘗試理解孩子行為背後的原因。

　　在我的前作《有機良方──開心孩子輕鬆教》一書裏，我曾經向大家介紹美國著名精神科醫生Dr. Milton Erickson的「多層面溝通」方法，其實Dr. Erickson還有許多值得我們學習的地方，他經常強調，人的所有行為都是在表達自己的內在需要和感受，套用在孩子扭計和行為問題上，我會這樣詮釋：如果孩子反覆就某些事物扭計，或是重複某些你認為不理想的行為，我懇切希望你嘗試了解孩子的內在需要，嘗試從根源去處理，務求長遠解決困擾你和孩子的問題；倘若你只着眼於「矯正行為」，而忽略了行為所表達的信息，孩子的內在需要因此未有被顧及，即使一類行為被「矯正」過來，另一類行為或會浮現，從而進入惡性循環模式，甚至長遠破壞父母子女之間的關係！

　　談起小朋友扭計和發脾氣，我們通常會聯想起一位小朋友正大聲哭鬧，無論成年人用什麼方法，好言相勸、溫柔地哄、嚴厲斥

責，甚至動手打罵，小朋友依然故我，目的是要得到他當刻想得到的物件或行動自由。但深入了解，小朋友或年輕人的發脾氣，其實都有着不同層面的意義和深度，嘗試去理解發脾氣背後的意義，不但可以即時解決令父母尷尬不已的場面，還有助徹底處理導致子女持續發脾氣的深層原因。

扭計和發脾氣的三類主要原因

(1) 孩子當下得不到他想要的東西，或是不能做到他想做的事情而發脾氣

細心觀察，子女可能早在一歲以前便會發脾氣。在這階段的所謂發脾氣，很可能是嬰兒嘗試告訴你他身體有哪兒不舒服，或是他想吃東西、他拿不到想玩的玩具。嬰兒的表達方式包括放聲大哭、手腳亂踢等。到了幼兒階段，小朋友會以捶打、腳踢、口咬來表現自己的不滿，更甚者會以頭撞牆來傷害自己。通常導致這類情緒化、破壞力極強的行為，是孩子當下得不到他想要的東西，或是不能做到他想做的事情，例如孩子想玩別人的玩具，對方卻不想交給他，他便會因而大哭大鬧。

要處理這類扭計，我們需要細心觀察事情發生的場景，找出當時引發孩子扭計的源頭，例如孩子疲倦的話，要立刻讓他休息；

孩子在跟其他小朋友爭玩具，需先把兩個孩子分開。總之要先把引發孩子扭計的源頭隔絕，如果孩子總是就某些原因扭計，父母帶孩子外出或計劃他的時間表時，須考慮相關因素，避免源頭出現等同避免孩子在公共場合扭計。當孩子正扭計扭得面紅耳赤時，請盡量不要向他説教或嘗試要他學懂適應什麼。教孩子需要適當的時機和地點，如果把握得不好只會適得其反（想了解何謂教孩子的適當時機，請參考《有機良方──開心孩子輕鬆教》一書或本書後面的章節）。

(2) 孩子「無緣無故」哭鬧

　　另一種孩子可能會出現的發脾氣情況，是在毫無徵兆、沒有外界刺激的情況下，孩子突然發難。例如原本靜靜坐在一邊的孩子突然哭叫起來，拿起身旁的東西便往外扔。這類發脾氣的情形雖然令父母覺得莫名其妙，但孩子這樣的行為是否無從解釋。依據我的經驗，孩子任何一項行為都是一種溝通渠道，尤其是不斷重複的行為。「無緣無故」哭鬧的孩子平常是否受了許多委屈？經常受到別人誤會？在某些情況成為了代罪羔羊？甚至他會否曾遭受性侵犯？要解決這類「無緣無故」的哭鬧，我們必須小心處理，以細密的心思抽絲剝繭地找出孩子發脾氣的原因。如果我們以制止孩子的「無理」行為的態度去處理這類事件，孩子會受到更深的傷害，對他日

後成長構成深遠的負面影響。

　　有時，孩子的「無故」哭鬧也可能跟他面對的生活壓力有關，小小的孩子有什麼生活壓力？多着呢，才六個月便要參加幼兒遊戲班 (Playgroup)，未滿兩歲便要上幼兒班 (Pre-nursery)，讀幼稚園的同時要上一大堆學習班，還要參加數間甚至十間以上小學的面試……你的孩子有沒有這方面的壓力呢？

　　要謹記「無緣無故」哭鬧的孩子，背後總有哭鬧的原因。

(3) 孩子的行為別有目的

　　還有一類扭計或發脾氣行為，表面上看似沒有原因，實際上卻有着深層意義。這類行為當中，最為人熟悉的原因莫過於孩子想引人注意。很多父母因為種種原因而自顧不暇，經常會疏忽照顧孩子，於是孩子透過扭計、打架、犯規生事，甚至自殘來吸引父母的關注，但父母總覺得孩子「有問題」，而忽略了孩子其實是希望得到愛和關心。曾經有孩子因父母離異，父母雙方都拒絕照顧，於是把孩子放在祖母家，父母也很少回家看望孩子，孩子惟有在學校生事打架，希望學校向父母投訴並要求見家長，這樣才有機會看到父母現身，那是何等令人傷感的事。

當然未必每種另有目的的扭計原因都這樣沉重，在日常生活中，孩子爭寵為了爭取父母更多關注，希望忙碌的父母多點時間陪伴自己，以至逃避某些責任，孩子也有可能想以扭計來達到目的。

總之無論孩子因何種理由扭計，父母最好的應對方法都是了解孩子扭計背後的原因，以及嘗試理解孩子行為想表達的信息，而非只求令孩子改變，因為如果深層原因不獲解決，一種行為的結束，只意味着另一種不理想行為的開始。

2. 讓孩子改變的先決條件

2.1 羅哲斯理論之一：
三種可能導致不理想行為的情緒

美國心理學權威羅哲斯（Carl Rogers, 1902-1987）是全球輔導和精神心理專業人員的學習對象，他認為要讓人無論在性格上或行為上有所改變，需要條件上作出配合。雖然羅哲斯撰寫有關文章是供專業輔導和研究人員參考，但我覺得這幾項條件應用在親子教育上也非常合適和有效。在此我嘗試以我的理解，配合與家長合作的臨牀經驗，向各位闡述如何把羅哲斯的理念套用在你的日常生活中，希望有助解決孩子扭計、發脾氣、不合作等各種問題。

三種可能導致孩子扭計的情緒

羅哲斯認為：當人處於感受表裏不一、內心脆弱或是焦慮不安時，會較容易出現不理想的行為，這種見解套用在孩子扭計和發脾氣等行為上也很合理。

(1) 當孩子感受表裏不一時會以扭計來逃避

例如有孩子不願上學，父母會以為是孩子懶惰，只想窩在家裏打遊戲機，其實背後的原因可能是孩子在學校遭受欺凌，又或完全跟不上學習進度。在父母眼中是安全，讓孩子開心學習的地方，在

孩子的親身經驗中，卻是受盡折磨，甚至令他害怕的地方，孩子不懂也不想向父母解釋不想上學的理由，便「無故」拒絕上學，或甚至在父母不知情的情況下逃學，這便是孩子負面的主觀經驗跟世俗對上學的期望不一致時，孩子只好以扭計不肯上學來逃避不開心的日常經驗。

(2) 內心脆弱的孩子以扭計來自我保護

此外，內心脆弱的孩子，也很多時以扭計和發脾氣來表達自己和自我保護。在我的輔導生涯中，曾與很多單親父母或家裏有困難的家庭同行，這些爸媽不少向我表示子女很難管教甚至很難相處，他們覺得子女不是脾氣特別暴躁，便是比其他小朋友反叛而且無法溝通。當然我對這些家庭的狀況，以至這些父母的性格、處境等都有一定了解。在我眼中，由於種種原因，某些小朋友長期生活在不理想的環境當中，他們無權過問父母的事情，無權選擇自己的生活方式，無人理會他們的想法和意見，即使他們向大人說什麼，大人都不予理會；久而久之，他們無論對着任何事任何人，都只會發脾氣，甚至出現極端的行為，如不顧衛生、不肯讀書、人際關係極差、凡事都不肯合作，林林總總行為問題無日無之。

要處理這類孩子的行為問題，把焦點集中於糾正他們的行為根

本無補於事，重點反而應放在改善他們周遭的環境，並把他們感受到的威脅盡量減低，孩子的扭計和反叛行為才有望改善。

(3) 焦慮有可能導致偏差行為

羅哲斯又提到焦慮的情緒也會影響人的行為。焦慮其實是一個統稱，焦慮情緒可以非常複雜，可以夾雜着悲傷、憤怒、委屈、不服氣、擔心、失望、沒有安全感……其實作為父母，你應該很了解焦慮會導致孩子扭計。孩子還小的時候，如果到了用膳或睡覺時間，要是他們沒有得到食物或不能上牀睡覺，孩子便會哭鬧不休。當孩子長大了，他會因為擔心功課做得不好而被你責備，於是索性拒絕做功課；他會因為害怕同學取笑他不懂游泳而不肯上體育課；他會因為你經常稱讚姐姐比他乖巧、讀書成績比他好而發脾氣。許多成年人根本不會注意，甚至覺得並不重要的因素，均可能為孩子帶來很大壓力，令他們焦躁不安，繼而引發扭計或不理想行為出現。

在此我重申一遍，羅哲斯提出的是一般人可能會因感受表裏不一、內心脆弱或是焦慮不安等誘發不理想行為的出現，上述關於小朋友扭計的論述是通過我的理解和個人經驗，把羅哲斯的意念套用在孩子的情緒和行為問題上，希望協助家長了解孩子扭計的原因。

2.2 羅哲斯理論之二：
六項有助引導人作出正面改變的條件

　　從父母的角度出發，子女扭計就等如是蠻不講理的要求或行為。每當有父母向我投訴或求助，表示他們的子女經常扭計，他們已用盡所有方法嘗試去「矯正子女錯誤的行為」，可是依然不奏效。那時我總會問：「你們知道子女為什麼扭計嗎？」大部分父母都會答不知道，部分會說出一些理由；如果是回答知道的父母，我會繼續問，你們可以就子女扭計背後的原因作出回應嗎？部分會面有難色，部分會積極嘗試，通常積極嘗試的，很快便會獲得理想效果，問題也就得以解決。

須針對處理扭計背後的原因

　　許多父母以為，解決子女扭計最好的方法是跟他們講道理，講一次子女不明白，只要重複一而再、再而三，每次子女「犯相同錯誤」，便向他們重複同一番道理，總有一天（通常是子女長大的一天）他們會明白而不再扭計。坦白說，這是否處理子女扭計最有效的方法我不知道，我只知道每個孩子就某些事情扭計，背後一般都會有相關原因，比較有效的方法是找出扭計背後的原因，然後由父母針對地去處理，正面的效果會出現得較快也較顯著。

　　羅哲斯在他的「The processes of therapy」[1]一文中，談及他
累積了幾十年的輔導經驗，歸納了六項有助引導人作出正面改變的
條件，在這裏我嘗試羅列出來，並將之套用作現實生活上，讓父母
作為參考。如果你正因為子女某些行為而苦惱，可以試試把這些條
件應用在你的困境裏，説不定會有意想不到的效果。

　　以下便是該六項條件：
　　(1) 要令人改變，需有良好關係為基礎
　　(2) 讓人有機會表達自己的內心感受
　　(3) 讓人可以明白自己的感受，然後接受自己
　　(4) 讓人明白他們有選擇，而所作的選擇需要自己負責任
　　(5) 要讓人先有覺悟或領悟，然後才會作出改變
　　(6) 在其他人的支持下學會獨立

詳述如下：
(1) 要令人改變，需有良好關係為基礎
——父母必須和子女維持良好關係

　　曾經有父母對我説，他們因為子女某些行為很憤怒，例如孩
子升上小學後經常推搪不肯做家課，父母心裏很着急，怕子女追不
上學業，以後升不上名中學。於是每日子女放學回家，家裏便變成

---

[1] Rogers, Carl R., *Journal of Consulting and Clinical Psychology 60.2* (Apr 1992): 163-164.

戰場，爸媽起初用言語責罵，但孩子還是不肯「好好做功課或溫習」，漸漸甚至換來一頓體罰，父母跟孩子的感情越來越差，在這種關係下要讓孩子改變恐怕十分困難。

經年累月的工作經驗讓我明白，無論跟當事人是何種身分關係，要令人有所改變，必須與他建立或維持良好關係。將心比己，如果有人天天罵你打你，你會聽他的話，會接納他的意見和建議嗎？父母希望子女聽話，最重要的關鍵是你先聽子女想說什麼，明白他的需要、他的心聲，從而建立良好親子關係，然後再向子女講出你關注的事情，向他們提供建議，他們接納你的話的機會才會大大提升。如果子女成績未如理想，你從未了解箇中原因，每次接到成績單便狠狠責罵，他的成績根本不會改善。可能經了解後，是子女身體狀況（例如視力、聽力較弱，或是有學習障礙）等因素影響學業，父母應協助子女找出原因，而非無理地責罵，子女知道你關心他，事情獲得處理後他可能便會用功讀書。

(2) 讓人有機會表達自己的內心感受
——父母需要聆聽孩子說話

父母愛護子女的心都非常熱切，因此每當子女發生任何事情，父母總急不及待地教導或教訓他們，很少會先停一停，讓子女有

機會從頭到尾、原原本本地詳述一遍他們遇到的事情，以至他們當刻的想法和感受。羅哲斯告訴我們，原來有機會讓人表達自己的感受，有助於讓人作出改變。

我嘗試以一個故事引導你想想，聆聽子女説話的重要。我曾經遇過這樣的家庭，父母都受過高等教育，都是成功的專業人士，他們經常接到學校投訴，讀小學三年級的女兒不交家課，也經常犯校規，但女兒的學業成績卻很好；父母對此深感奇怪，無論如何跟女兒説她都依然故我，惟有帶女兒接受輔導。他們一家在輔導室時，主要由爸爸發言，無論輔導員説什麼，都由爸爸回答，媽媽也只是偶爾回一兩句，女兒則緊抿着嘴，一臉委屈。後來輔導員終於有機會和女兒獨處，女兒雖然年紀小小，卻對答如流，她説她是刻意不交功課和犯校規的，目的是跟爸爸對抗，因為爸爸從來不聽她説話，任何事情只要是爸爸説的便必須跟着做，因為爸爸説：「他很叻，是成功人士，所以他説的一定對」。

雖然女兒年紀還小，但也覺得很委屈，感到很大壓力。由於在家裏也做不了什麼，惟有在學校犯規作出反抗，爸媽也對她無可奈何。這位女孩的故事很值得我們深思，如果父母繼續依然故我，不讓女兒有發言的機會，女兒的「行為問題」會不會有機會改善？

(3) 讓人可以明白自己的感受，然後接受自己
——協助子女了解自己，明白自己的感受

我經常強調人的行為受感受支配，如果我們不明白自己內心的感受，很多時也不會明白行為代表的意義，要改變行為也無從入手。以上述的個案為例，爸爸很自負，覺得自己很能幹，所做的事情都是對的，從未讓女兒表達內在需要和感受，也未讓女兒有任何選擇。雖然女兒年紀還小，其實她也有自己的想法、自己的意願、自己的感受，很明顯她在學校的行為是與父親對抗，而這種對抗源自她在家裏一直受到壓抑的情緒。因此要改變女兒的行為，協助她了解自己行為背後的情緒，絕對有助她選擇改變。

(4) 讓人明白他們有選擇，而所作的選擇需要自己負責任
——要令子女改變，先讓他們知道自己有所選擇

無論你是父母也好，或是長輩也好，我們經常會覺得小朋友的行為幼稚、不合理，甚至不負責任。在這裏我想和你分享一個極為重要的信息：如果希望一個人改變，單單告訴他什麼不可以做其實並不足夠，而是需要讓他知道他有其他選擇，而每項選擇當中也有利弊，我們需給予他足夠時間去理解和思考，還要清楚告訴他，無論他作出任何選擇，最終都是由他自己去負責任，這樣說不定他會改變他目前的行為。就上述的例子，女兒雖然非常聰明，但她未必

理解自己是因為長期積壓的不滿情緒，驅使她在學校犯規去激怒父母。如果我們能夠讓該女孩明白自己的情緒，並讓她知道其實她可以有其他選擇，我相信她有很大機會會改變，選擇不再犯校規。

(5) 要讓人先有覺悟或領悟，然後才會作出改變
——有所領悟有助開啟改變之門

　　無論是成年人還是小孩子，都是透過日常生活中的經驗去學習，若父母能讓小孩明白當他們有某類負面情緒時，或會出現一些對自己構成傷害的不理想行為，說不定孩子們會有所領悟而作出改變。上述的例子，通常女孩在家中受了委屈，翌日便會回校生事，即使干犯校規能令父母生氣，其實過程中女孩也不好過，她既要受到師長責備，也要受到留堂甚至記缺點等懲罰，最終的受害者也是女孩本身。如果能令她明白這點，她改變的動機便會增加，因為誰也不希望自己受到任何傷害。

(6) 在其他人的支持下學會獨立
——成為負責任的人需要經歷學習過程

　　相信所有父母都希望子女成為獨立、有思考能力，也會為自己行為負責的人，但怎樣才可以培養出這樣的孩子呢？答案在於你如何教養孩子，如何陪伴他們成長。要讓子女成長，我們需要給予

他們成長的機會，那意味着當孩子面對困難和挑戰時，我們要讓他們自己去面對、去學習。在過程中他們可能會碰壁，有時也會作出不太好的決定，為人父母的，這時候你可以站在子女旁邊為他們打氣，也可以為他們提供需要的資源和知識去解決問題。他們會在挫折中學到解決問題的方法，他們會跌低然後爬起來，他們會在過程中成長，成為獨立、有思考能力，會為自己行為負責的人。

補充資料

給父母兩個心理學的小知識

閱讀研究報告的方法

　　日常生活中，無論在媒體、書籍，還是廣告中，大家經常會聽到「研究報告」、「理論」，甚至「智商測試」 (IQ Test) 等心理學詞彙，可是這些專業詞彙到底有什麼意思，我們應該以什麼心態去理解相關的文章？我嘗試在這裏分享我對這類知識的理解和認識，希望有助你們把這些知識應用在教養子女上。

　　我們幾乎每天都會在報章、雜誌和書籍上，讀到有關兒童身心發展、學習、營養等研究報告。我們這天看到這份報告説某類食品對兒童身體成長很有幫助，另一天又讀到另一份報告説某類補充劑有助智力發展，那麼我們應該立刻給子女吃這些嗎？有報告更指出只要用某種學習方法，孩子的記憶力便會增強數倍，我是否應該馬上替孩子報讀？

敍述式研究

　　我嘗試簡單介紹一般的研究方法，第一類是敍述式研究 (Descriptive research)，這類研究目的是反映一個特定時間、特定地點、特定研究對象，他們的想法、感受和行為，通常這類研究會透過問卷、訪問和實地觀察進行。例如有教育機構研發出他們認為有助增強記憶力的方法，他們可能會邀請一羣孩子學習他們的記憶

法，同時另外邀請一羣年齡背景相若的孩子，不讓他們學習相關方法（對照組）。經過一段時間，研究人員會用測驗、訪問家長和老師，甚至實地觀察孩子學習表現來收集數據，以對比兩組孩子的成績，看看學習了記憶法的孩子記憶力是否較對照組（沒有學習記憶法的孩子）提升較多。

相關性研究

另一類是相關性研究 (Correlational research)，這類研究希望透過經由研究人員設計的實驗，找出不同變數 (Variables) 相互之間的相關數值，例如經常食用奶類食品的孩子，平均身高是否比很少食用奶類食品的為高？如果得出的相關數字越高，可能反映身高與食用奶類食品的次數有關。可是我們必須小心閱讀這類相關性研究，因為即使兩個變數的相關數值很高，並不代表一個變數直接造成或促成另一個變數出現，因為可能是長得較高的孩子特別喜歡喝牛奶吃芝士，這不代表進食奶類食品一定會令人長高。

結論：須以批判態度閱讀研究報告

對研究有了基本概念之後，我想討論我們應該以什麼態度去閱讀研究報告。首先，我們要知道資助研究的資金由哪個機構提供，以上述的記憶法為例，如果研究資金是由研發的教育機構提供，

很大機會研究結果會顯示相關方法非常有效，因為當中涉及商業利益，作為父母我們要審慎對待有這種利益關係的研究報告。當然學習方法只是一個例子，其實無論是子女進食的食物、使用的物品、閱讀的書刊，總之一切經由研究報告推薦的消費品父母都要慎選，以免被誤導。

　　關於研究報告，我們還須注意所有研究都是在特定的地點、特定的時間，針對特定的研究對象寫成。許多時在外國進行的研究，其結果未必適合套用在本地兒童身上，例如即使一套記憶法應用在美國6-8歲的兒童身上很有效，應用在香港相同年齡層的兒童身上未必很適合，因為學習方法牽涉文化背景，如要知道某類方法在本地應用是否有效，必須要以本地兒童為研究對象，得出的數據才較值得參考。

皮亞傑的認知發展理論

皮亞傑 (Jean Piaget, 1896-1980) 是一位瑞士發展心理學家和哲學家。他在從事研究兒童智力發展期間，發現不同年齡的兒童在回答不同類型的智力問題時，能力上有所差異，於是啟發他往後致力研究兒童智力發展的進程，並建構出一套極有影響力的認知發展理論 (Theory of cognitive development)。

該理論把人的智力發展分為四個階段：

(1) 2歲以前：感覺運動階段 (Sensorimotor stage)

> 特徵：孩子懂得分辨物我。
>
> - 知道自己會動，有意識地做動作，例如會拉動小被子令它移動，會搖動玩具令它發聲。
> - 懂得即使物件不在眼前，物件依然存在。

(2) 2-7歲：運思前階段 (Preoperational stage)

> 特徵：孩子學懂運用語言，並以文字和影像來表達物件。
>
> - 孩子以自我為中心，不懂得以其他人的角度去了解事物。
> - 以物件的其中一種特徵去分類物件，例如無論物件是什麼形狀，只要是紅色，便把物件歸作一類；或者無論是什麼顏色，只要是方形的，便把物件歸為一類。

(3) 7-11歲：具體運思階段 (Concrete operational stage)

特徵：懂得以邏輯思考物件和事情。

- 開始能掌握數字、體積、重量等概念。

- 能夠以多種特徵去分類物件，也能比較一種特質的次序，例如懂得以大小排次序。

(4) 11歲以後：形式運思階段 (Formal operational stage)

特徵：懂得抽象的邏輯思考。

- 孩子到了11歲以後，基本上已達到成年人的認知能力，他們懂得抽象的邏輯思考（即無須看着實物，也能以想像思考），也能有系統地推測假設的想法（例如：如果我這樣做，後果便會那樣；無須真實地經歷，已知道行為的後果）。

- 懂得關心未來，也會擔心可能遇到的難題和煩惱。

過分催谷孩子學習會有反效果

到底上述這些「看似跟我們沒有相干」的心理學理論，跟我們教養小朋友有什麼關係？跟我的孩子扭計又有什麼關係？參考這套經典的兒童發展心理學理論，我們應能明白孩子的智力發展需要特定的時間和腦力作基礎。假如父母看到媒體上的大力宣傳，以為只

要讓孩子吸收越多營養補充品，不斷地報讀媒體吹捧的學習班，幾歲的孩子便可以流利運用五種語言，能文能武，甚至很快實現上太空的夢想，這種怕落後的羊羣心理，只管讓孩子不輸在起跑線，而罔顧孩子的學習和吸收能力，最終只會害苦了孩子。

孩子小小年紀便要承受父母望子女成龍所給予的壓力，卻未必懂得表達自己的苦況，於是只好通過扭計作為自己情緒的宣洩。如果你真的愛錫子女，請給予他們適當的休息和玩耍空間，人先要有健康的身心狀況，才有力量享受美好的人生。

第二章
Chapter 2

向「扭計」說不十式良方

前言

前一章已大致提及過情緒支配行為，家長要妥善處理孩子的扭計、發脾氣、不合作行為，除了需考慮孩子的即時反應，更重要的是關心孩子的感受。當然長遠而言，倘若家長能處理孩子行為背後的原因，滿足孩子的深層需要，家長和孩子的關係會更融洽更互愛。

在本章中，我會結合臨牀經驗，以及對心理學和輔導的認識與理解，跟你分享處理孩子行為問題的十種方法。我會深入淺出地闡釋，讓你了解心理學專家教人如何處理孩子的「無理」行為（其實孩子的行為都是有理由的，可能只是我們還未理解），當然還會輔以大量例子，讓你更容易明白這些方法如何應用在日常生活上。

這十個招式各有特色，我希望你能仔細閱讀，並將招式套用在你跟孩子的相處當中。你越能把它們融入你的生活中，便越能將之融會貫通，只要你能靈活運用，我相信孩子的扭計情況將會大大改善。希望不久的將來，在講座上看到你們時，你會面帶笑容地告訴我：我做到了！

1. 第一式：
父母要保持冷靜

不少父母向我表示，照顧孩子其中一個最大的挑戰是當孩子無理哭鬧，即使父母當刻用盡所有方法，孩子還是沒有停下來，爸媽一方面不知下一步應該怎麼做，另一方面在其他人面前感到十分尷尬，害怕被人批評沒家教。在我的經驗裏，要處理扭計中的孩子必須保持冷靜，因為如果當時你也失去了理智，你和孩子會很容易陷入互不相讓的惡性旋渦，雙方的對峙時間越長，你的火氣只會越來越猛，孩子的不理性行為更有可能升級，以至無法收拾的地步。

以下我為你提供幾個方法，有助即時處理你的情緒，讓你能以冷靜的心情去處理孩子的行為：

(1) 深呼吸讓自己冷靜下來

當面對孩子扭計，你氣上心頭時，我會建議你深呼吸令自己冷靜下來。你可以試試以下步驟：

i. 先停止你正進行的所有活動，嘗試輕輕閉上眼睛。

ii. 把注意力集中在自己的呼吸上，人在憤怒時呼吸會較為急促，這時你可以深深、深深地吸一口氣，你會感覺胸膛張開，空氣進入你的肺部，這樣你便做對了。

iii. 當感到肺部已充滿了氧氣，你可以慢慢地呼氣，這時你的情

緒會隨着你的呼吸紓緩下來。對了，你已經做對了，只要重複這些步驟，你會慢慢冷靜下來。

(2) 經常想着孩子有多可愛

現時很多人都擁有智能手機，我建議父母把子女最可愛的照片，以及你們共渡的快樂時光的片段和照片都存在手機上，一方面可以經常拿出來看看，作為日常生活的動力和能量；更重要的是一旦子女的行為令你氣上心頭，你可以拿出這些片段和照片，提醒你有多愛你的子女，他們帶給你多少歡樂，通常有助紓緩你激動的情緒。

(3) 孩子的成長過程充滿着愛

我在工作坊經常跟家長做的另一個練習，也有助紓緩你一時的怒氣，但這個練習要間中做一下，讓自己熟習過程，到有需要時才有幫助。這個練習你可以在家做，也可以坐車時或午飯時間，總之有空便可以做，過程十分簡單：

i. 找一處安靜的地方坐下來，輕輕閉上眼睛，如果你是媽媽，請你回憶當初知道自己懷孕的興奮心情；如果是爸爸，則回憶妻子告訴你她懷孕時，你那種又驚又喜的心情。

ii. 回憶懷孕期間，你如何期待跟孩子見面，那時有多少話想對他說，望着超聲波照片時有多渴望見到他的樣子。

iii. 回憶孩子終於出生了，你第一次把他抱在懷中，那個軟綿綿的小人兒，你終於見到他了，原來他長得這麼漂亮。

iv. 然後是第一次替孩子洗澡、餵奶，他牙牙學語、他第一次叫爸媽，把孩子一路下來的成長過程回憶一遍，重新感受孩子為你帶來的那份喜悅，你們之間那份溫馨甜蜜的親厚感覺。

這個練習的目的是希望提醒你，孩子在你生命中是多大的恩賜，他一時的頑皮或偶爾的固執，你也犯不着生那麼大的氣。教養孩子最大的資源是愛和耐性，如果因一時之氣口出惡言，可能會令孩子一生蒙上陰影；至於施行體罰可能會收一時之效，可是長遠而言不但會破壞你們之間的關係，令孩子自尊心低落，甚至會在孩子小小的心靈上種下使用暴力的禍根。

謹記，千萬不要因孩子一時的行為問題，做出你會後悔一輩子的事，無論如何你得保持冷靜，孩子是需要慢慢教導的。

家長心事

媽媽：我日常工作已經很繁重，回到家還要教孩子做家課、
輔助他溫習，可是孩子總是懶懶散散，成績強差人
意，很多時十點多還未做完家課。我很疲倦心情也很
煩躁，有時真的想動手打他！

陳太：這位媽媽的苦況是許多母親正面對的問題，我很關心
媽媽的身心狀況，我建議她跟丈夫商量，他是否可以
分擔一下教孩子做家課溫習？即使不能每天由他負
責，若他每星期能分擔一、兩晚也有助媽媽減壓，媽
媽可以趁機約會朋友，跟朋友聊聊天散散心也好，無
論如何媽媽必須偶爾放假透透氣。另外，我絕不贊成
對孩子施行體罰，既傷害孩子的身體和自尊心，也對
事情於是無補；如果孩子小小的心靈因此而種下使用
暴力的禍根，更是後悔莫及。

2. 第二式：
先處理孩子情緒，後處理行為

父母都疼愛孩子，如果孩子在街上亂跑亂撞，不小心跌倒而弄得滿身是傷，繼而放聲大哭，不同的父母可能會有不同反應：有些父母會一把扶起孩子，急切地檢查他的傷勢；有些父母會即時制止孩子哭喊，告訴他長大的孩子不會因為一點小事而哭鬧；有些父母覺得孩子在大庭廣眾哭聲震天過於惹人注目，希望立時止住小朋友的哭聲；有些父母因心痛孩子的傷勢而急怒攻心，於是斥責孩子太不小心，令自己受到傷害……以上種種情況都很普遍，但很少父母會想到，其實這刻你的子女希望你關心他，輕言軟語地安慰他，讓他知道當他遇到危險時，父母便是他的庇蔭，他可以在你的懷裏獲得保護和安慰，只要他平靜下來便會停止哭鬧。

情緒處理好，孩子便不再扭計

通常孩子扭計都是由外在因素造成，無論是因為別人的挑釁，是因為想得到一件玩具而得不到，還是跟哥哥打架打輸了，孩子扭計或發脾氣的原因，歸根究底都是他情緒不好，當中的情緒未必是單一的不開心，也有可能是發怒或是感到害怕，甚至覺得羞愧。其實任何負面情緒或身體上的不適，都有可能導致小孩扭計、哭鬧甚至大發脾氣。根據這個邏輯，只要我們處理了孩子的負面情緒，孩子的不合理行為也會隨之停止。

重點是，怎樣有效處理孩子的負面情緒？當人正受負面情緒支配的時候，無論是小孩子還是成年人，很多都是蠻不講理的，對其他人所說的會完全聽不進耳。如果在孩子發怒的一刻你跟他講道理，他不但不會理會，可能反應會更大，行為會變得更極端。相反，如果父母在這一刻先不處理孩子的行為，而是首先關心孩子那刻的感受，孩子平服下來的機會可能會相對提高。

　　舉個例說，有一次我參加朋友女兒的生日會，席間有她四歲的表妹安安。安安是家中的獨生女，平常家裏成年人都寵慣了她，只要她想要什麼便立刻給她什麼。當朋友的女兒切過蛋糕後便開始拆生日禮物，其中一份禮物是一條非常漂亮的公主裙。安安見到十分喜歡，於是要求父母立刻買給她。她媽媽答應明天帶她去買，可是安安的眼睛卻開始紅起來，豆大的眼淚更從眼眶滴下，媽媽只好向她解釋天已黑，況且她們在參加生日會，無論如何要明天才可以去買。

　　這時席上的老人家已開始皺眉，畢竟那是表姐的生日會，老人家不喜歡安安這樣哭哭啼啼的。這時氣氛已尷尬得很，她的爸爸只好把安安帶到一旁，希望說之以理。豈料不說還好，爸爸說了沒多久安安便放聲大哭起來，很明顯這時老人家已開始生氣。原本是別

人的家事我也不好干涉，但這時我不得不做點什麼。我走到安安身旁蹲下，讓我的目光剛好跟她平視，她的父母見我走近也退在一邊讓我處理。起初我什麼也不說，只以「理解的眼神」望着安安，然後伸出手輕輕拍她的背去安慰她，漸漸她的哭聲變小了，但還在抽泣，這時我便替她拭淚，還趁機在她耳邊低聲對她說：「那條裙子真的很漂亮，如果穿在你身上一定很好看，安安是明白事理的乖女孩，不要再哭了，媽媽明天一定會買給你，下次出來記得要穿給姨姨看。」說罷我便牽着安安的手去拿蛋糕吃，事件也告平息。

認同孩子的感受，不等如認同做法

大部分人認為當孩子無理取鬧的時候，如果安慰孩子便等如認同孩子的做法，甚至等同鼓勵她的無理行為，其實認同孩子當刻的感受，跟認同她的做法是兩碼子的事。從上述的例子你可以看到，在整個過程中我沒有認同孩子的行為，更沒有鼓勵孩子的態度，我只是說出孩子那刻的感受，讓她知道我理解她的感受，並稱讚她是乖孩子，讓她自己去選擇做回乖孩子應做的事情。坦白說，我並不認同安安的行為，可是長遠而言教導安安的責任屬於她的爸媽，如果他們不好好教導女兒，女兒會一直任性下去，但要即時處理尷尬場面，「先處理孩子情緒，後處理行為」是非常有效的方法。

家長心事

媽媽：孩子的爸爸很忙，根本沒時間照顧孩子，雖然我是全職媽媽，可是兩個六歲和八歲的孩子實在太活躍，整天不是打架便四處跑。我一個人照顧他們覺得很疲憊，有時為了讓他們停下來，我不得不大聲呼喝他們，甚至有幾次還動了手，其實我也十分心痛，我應該怎樣做？

陳太：雖然你是全職媽媽，但我也感受到你的疲倦和無助，也有點擔心你的情緒狀況。我建議你可以跟丈夫和其他人商量，每星期由他們照顧孩子半天甚至三數小時，先讓自己有些私人空間和休息時間透透氣；另一方面你也要照顧好自己的身體和情緒，我們沒有好的身心狀況，便不能照顧好孩子。你先試試上述的提議，如果情況還未改善，請尋求專業協助，記着你不是孤身一人，只要你肯開口，身邊隨時會有人伸出援手。

3. 第三式：
即時處理孩子的負面情緒

　　處理情緒激動的孩子好像很困難，其實只要掌握到他們的心理，以平靜的態度去接納他激烈的情緒，以溫柔的擁抱替代責備的語言，要令哭鬧中的孩子安靜下來也沒有想像中困難，關鍵在於你必須保持冷靜，心境平和，對孩子的態度語氣要溫柔，然後告訴他：「不要緊，爸爸／媽媽在這裏。」

(1) 以安撫代替責備

　　跟你分享我的個人經驗，因工作關係我經常要安撫情緒極為激動的孩子和成年人，當人情緒激動時，基本上他什麼都會聽不進耳，這時你的身體語言便變得很重要。

　　i. 首先你必須保持心境平和，如果你的情緒也十分激動，你便很難令孩子平服下來，因為兩個情緒激動的人，在互相影響下情緒只會越趨激烈。要令自己保持冷靜請參考本章〈1. 第一式：父母要保持冷靜〉一文（本書P.35）。

　　ii. 情緒激動的孩子會特別敏感，你處理他的事情時必須專注，專心一致地聆聽他當刻要說的話，他會覺得你重視他，對平服他的情緒很有幫助。

　　iii. 你在聆聽他說話時，可先輕輕拍拍他的背，然後順勢拉着他的手，溫柔地把他拉近你，慢慢用手環着他把他擁入懷裏，輕輕在

他耳邊說：「不要緊、不要緊，爸爸／媽媽在這裏。」通常孩子的情緒會漸漸平服下來。

(2) 帶離扭計現場

立刻把孩子帶離現場也有助平服孩子的情緒，因為通常孩子情緒爆發的地方，都是有些事物刺激到他才會令他爆發，為免孩子變得更激動，我們必須讓他跟刺激到他的人或事分開。其次，有時孩子為了得到想要的東西，會挑在大庭廣眾、人多的地方扭計，因為他知道此舉會令你尷尬不已，為了令他停止，他提出的任何要求你都會答應。許多時孩子比我們想像中要聰明，我們只要把他帶離人羣，他的奸計便不會得逞。另外，即使我們要教導孩子，也適宜在沒有其他人的場合進行，因為即使年紀再小的孩子也有自尊心，請千萬不要在人多的地方斥責孩子，那可能令他的自尊心受損，也會破壞你們之間的關係。

(3) 向孩子展示同理心

什麼是同理心？同理心並非同情心，不是覺得你可憐，所以同情你，而是從你的角度去理解、明白你的感受，而明白別人的感受，並不等同認同他的做法，故此你無須擔心向孩子展示同理心，等如鼓勵他以扭計處理問題。舉一個例子你便會明白：如果在一次

家庭聚會上，你的女兒因為被表姐搶了一件心愛的玩具而放聲大哭，為了不影響家人之間的感情，你可能會對女兒說：「不要緊，玩具就借給表姐，她玩完便會還給你。」可是女兒還是心有不甘，依然閉着眼睛放聲大哭，這時你可以做些什麼？

我建議你先帶女兒離開親戚聚會的地方，然後溫柔地跟女兒說：「乖女兒，爸爸／媽媽也知道你很委屈，明明玩具是你的，表姐硬是要把玩具借去，爸爸／媽媽明白你的感受，倘若我是你，我也可能會哭。好了好了，哭夠了我們才進去，爸爸／媽媽覺得女兒很乖，爸爸／媽媽在這裏陪着你，哭夠了我們才進去。」相信你女兒的情緒過一會兒便會平服下來。

家長心事

媽媽：我的孩子很固執，想要一樣東西通常一定要得到，他經常在街上扭計不肯離開，多次有途人當着我們面說我們沒家教，我和先生既傷心又無奈！

陳太：孩子扭計的原因有許多，執意要一樣東西有可能是他不知道有其他選擇，如果想解決有關情況，請參考本章〈8. 第八式：讓孩子知道還有其他選擇〉一文（本書P.63）。作為父母多次被人批評沒有家教確是非常難受，目前你可以做到的，是先處理好孩子即時的情緒，減低他在外面爆發的頻率，然後再慢慢針對他固執背後的原因對症下藥。以愛心和耐性教導孩子，情況一定會有改善。

4. 第四式：
父母處理好自己的情緒

　　子女的行為是父母的一面鏡子，在我的經驗中，這是無可否認的事實。我多番強調行為由情緒支配，如果想你的子女不再扭計，維持他的情緒在穩定狀態非常重要。有心理研究顯示，父母的精神心理狀況、反覆不定的教導方式、父母經常對子女發脾氣等，均可能引致小朋友出現行為問題。在本文中，我想以兩個不同角度去理解父母的情緒跟孩子扭計的關係。

(1) 脾氣暴躁的父母很可能養出脾氣暴躁的子女

　　不止一次在講座中，有媽媽當場落淚，哭訴丈夫脾氣暴躁，經常在子女面前發脾氣，兇巴巴地對待其他人，也會非常兇地責罵子女，身為媽媽的多番勸喻丈夫卻不得要領；更令媽媽擔心的是，她開始發覺子女的脾氣也異常暴躁，對人對事均欠缺耐性，功課不懂做便扔鉛筆擲功課簿，跟其他小朋友相處一有不遂意便動手打人，媽媽觀察到子女的行為動作甚有爸爸的風範。媽媽雖然知道脾氣暴躁的爸爸正在影響子女，無奈無法改變丈夫，令她覺得甚感為難。

　　雖然這裏以脾氣暴躁的爸爸為例，但其實父母任何一方脾氣暴躁、情緒不穩，都會直接影響你的子女。父母脾氣暴躁會令孩子經常缺乏安全感，孩子不敢也不懂表達自己的情緒和意願，壓抑的情緒一旦爆發起來可能很難收拾。加上平常看慣脾氣暴躁父母的行

為，這類孩子的所謂扭計狀態，可能會比其他孩子的扭計更難處理。

(2) 當下你對子女行為的反應，便決定了子女的行為取向

另一類情況也很常見：並非每個人都很有耐性，有部分父母每當子女扭計或不合作，脾氣一時間便會發作，例如孩子有時會在街上因事哭泣，有些父母會非常嚴厲地制止孩子，要是孩子未能即時停止哭喊，他們甚至會當場施行體罰。這種情況下，通常孩子會有兩大類反應：一是他們可能基於害怕而止住哭泣；另一類是會反應更為激烈，放聲大哭甚至手腳亂踢。

其實對於情緒激動的人（無論是成年人或小孩子），我們當刻越壓抑他們的情緒或反應，他們的反應便可能會越激烈；反之，如果以冷靜的情緒處理，先安撫孩子當刻的情緒，有什麼道理、教訓等都容後再談，處理扭計的孩子也並非十分困難，方法請參考本章〈3. 第三式：即時處理孩子的負面情緒〉一文（本書P.43）。

雖然所有人都有本身的性格和情緒，但為人父母者，因着孩子的福祉，對孩子的長遠影響，必須學習好好處理自己的負面情緒，因為你不但是孩子的模仿對象 (Role model)，你的行為將會出現在

孩子身上；更重要的是如果你經常發脾氣打罵孩子，孩子長期活在欠缺安全感的環境裏，會對他的精神情緒、身心發展構成破壞力極強的負面影響。如果你夫妻其中一方性格比較衝動缺乏耐性，我建議你們由比較有耐性的一方來照顧孩子；到了孩子入學，需要督促做家課溫習等事情，請由比較有耐性的一方負責，即使那一方因工作關係，沒有時間照顧孩子，我建議你請補習老師或到補習社，也不要由脾氣暴躁的一位處理這些事務，以免孩子受皮肉之苦，並傷及自尊心。

家長心事

> **爸爸：**我的太太對孩子沒耐性，因此女兒一出生便由我照顧。現在女兒已就讀幼稚園高班，她跟太太的關係很疏離。其實我內心很希望她們可以親厚一些，無奈太太並不積極，我也不知應該做什麼才可以令她們走近。

> **陳太：**生兒育女本來就是兩個人的事，理論上父母都應該關心和愛護孩子。可是基於性格、工作，以至其他種種原因，有時父或母一方會比較不

投入。較投入的一方其實可以跟伴侶討論你的擔心和期望，傳統上媽媽是主要照顧者，爸爸通常跟子女比較疏離，許多研究顯示，爸爸多參與照顧子女，子女的語言、社交能力等都會較同齡的孩子發展得更佳。另外，值得關注的是父母跟子女的良好關係必須從小建立，如果父母太遲才驚覺跟孩子關係疏離，根本無法溝通，即使可以亡羊補牢，但會遇上許多無法估計的困難，效果也未必會如人願。因此我給你們的忠告是應儘早跟子女培養親密關係，你將終生受用。

5. 第五式：
妥善安排孩子作息時間

就臨牀經驗，通常有兩種較為極端的作息時間安排，會導致孩子較常扭計。第一種是父母很少考慮孩子的生理和心理需要，例如年紀較小的孩子，習慣每天要午睡兩小時，孩子到了午睡時間便會打瞌睡，如果他被父母帶出門，他的情緒便會很波動，隨時都可能會發脾氣。另一種常見的扭計原因是孩子肚子餓，因肚餓而扭計的孩子年齡層甚至更闊，由初出生的嬰兒以至十多二十歲的年輕人都會因肚餓而發脾氣。以上兩種扭計發脾氣的處理方法十分簡單，父母只需要配合孩子的生理需要，他們需要休息時盡量讓他們休息，需要食物時便為他們提供足夠食物，一開始便杜絕讓孩子不適的因素，孩子扭計的次數自然會減少。

極端的作息時間表令孩子身心疲憊

第二種是父母把孩子的作息時間表安排得密不透風，而且嚴格執行，令孩子沒有選擇之餘，簡直有點疲於奔命。這樣教養孩子，即使孩子目前不跟你公然對抗，對你們日後的關係，以及孩子的身心發展，也會造成長遠且無法彌補的傷害。曾經見過有父母，孩子未出生前便飽覽育兒書籍，深信要令孩子「聽教聽話」，必須實施「軍訓」式教育，其重點包括：每日有必須實行、堅定而絕對不能更改的時間表，要遵守的除了孩子本人、父母、負責照顧孩子的家務助理，還有身邊所有親戚朋友；要是家務助理未能遵照時間表行

事，便會受到父母嚴厲責罵。

　　在這種環境長大的孩子，可能會異常乖巧，從不違抗父母安排的作息，曾有孩子邊滴着眼淚，邊完成父母要他完成的目標；也有孩子向祖父母求助，希望他們向父母求情，只是想少參加一次放學後的課外活動。結果是祖父母礙於父母的威嚴，也不敢向父母轉述要求，孩子要拖着倦極的身軀去完成課程。其實孩子的體力有限，父母安排他們上、下午各上一所幼稚園，為的是加強孩子入讀名小學的機會。孩子上了整整八、九個小時課，放學後還要上普通話、算術、游泳班……加上周末的繪畫、音樂、法文班，即使聽起來也叫人很疲倦，何況要承受所有壓力的小孩子。

負面影響立竿見影

　　人在極度疲倦下脾氣會很暴躁，情緒也會經常波動，集中力下降，記憶力衰退，免疫力減弱。為小朋友安排過於密集的學習和活動時間表，是否會加強入讀名校的機會我不大清楚，但孩子即時的負面影響卻立竿見影。孩子不懂為自己說話，許多時也不能拒絕父母的安排，只能以扭計來發洩來反抗。經過反思，如果你的孩子因為過於疲倦而扭計，建議你立刻停止部分不必要的學習班，每天最少預留一小時讓孩子玩耍和休息，讓孩子有機會體驗快樂的童年生

活，而不是日以繼夜地為他未知的將來疲於奔命。

　　一位十多歲的年輕人告訴我，在他的記憶中，媽媽從小便很着緊他的學業成績，他也很乖巧，從未令父母失望。可是在他的記憶中，父母每個周末只會顧着自己娛樂，從未在假日帶他到郊外，也沒有到太空館或主題公園等，他的童年很失落很空虛，他覺得父母只關心他的成績，從未關心過他的感受、他的成長需要。如今他已進入青春期，朋友不多也不善於與人相處，心裏有事也不會對父母說，因為他覺得跟父母的關係很生疏。

　　這個年輕人的遭遇令我很感慨，這是很典型的例子，現在太多家長把焦點放在孩子「將來的前途」上，完全忽略（有些甚至有心漠視）孩子眼前和成長的需要，長遠而言其實為孩子帶來不少負面影響，也破壞了彼此間的關係。希望你們在編排孩子的作息時間表時，為孩子預留適當休息和玩耍的空間，也要預留你們的相處時間，讓孩子知道你關心他、你愛他。

家長心事

媽媽：雖然我知道孩子很疲倦，其實每天看到他奔走於學校、學習班之間我也很心痛，無奈社會給我們造成很大壓力，如果我們不竭盡所能自小培養他，要是他進不了好學校，將來找不到好工作，我怕到時他會反過來怪罪於我們。

陳太：我從來不相信「贏在起跑線」這種概念，當年我在加拿大讀大學時住在學校宿舍，每天都見到在那裏生活的孩子開開心心地滿山跑，他們都面色紅潤身體壯健，面上總是滿帶笑容。反觀當時跟我一起讀大學的當地同學，他們不但沒有比我愚蠢，而且大部分都知識豐富、思路清晰。既然別人在這種教育方式下也可以培養出出色的人才，我們是不是應該反思我們的教育制度和社會風氣？

6. 第六式：
邀請孩子參與

現代家庭普遍只生一至兩個孩子，父母對子女關懷備至，從小便由家務助理照顧小朋友，不少孩子由出生開始便連水也未曾自己倒過一杯，更遑論參與做家務。父母起初會覺得把子女照顧得「無微不至」是理所當然的，但隨着年月增長，父母便可能感受到子女對家裏事務漠不關心的弊端，例如子女不但不會協助做家務，甚至會把衣服雜物隨處亂放，因為無論怎樣，總會有人替他收拾，久而久之，家裏的成年人都成了孩子的僕人，孩子便不懂照顧自己，甚至欠缺自理能力。

我經常提醒父母，自孩子懂性開始，便要讓他習慣參與家裏的事務，由簡單的家務，以至家裏的變遷或重大決定，都應該邀請孩子參與，而孩子的參與程度，應該隨着他的成熟程度而增加。為什麼要這樣做呢？道理很簡單，人對於自己沒有參與的事通常不會理會，更不會體諒做事人的辛勞。如果孩子自小把玩具亂放，父母覺得理所當然是家務助理的工作，因而從不教導孩子執拾玩具，孩子沒有責任感的種子便自此種下，待孩子長大後這種習慣便難以逆轉。

培養孩子做家務的好處

相反，我建議父母自小便要讓孩子協助做家務，其好處多不勝數：

① 培養孩子的自理能力和責任感。

② 提高孩子對家事的參與程度，從而培養對家庭的歸屬感。

③ 父母可以利用做家務的時間進行親子活動，例如當你摺衣服時，你可以讓孩子摺疊小毛巾、小衣物，年紀很小的孩子會覺得這是一種遊戲，是爸媽陪他玩的開心時間；孩子再大一點，更可以和他分享入廚樂，讓他覺得做家務也是樂趣。

④ 如果孩子需要協助執拾整理家居，他不會亂掉亂放東西，也會為其他人着想，因為他知道無論是自己還是其他家人，都要付出勞力和時間收拾。

⑤ 更重要的，相比其他沒有參與的人，有份參與的人會更懂得欣賞勞力後的成果，例如子女跟媽媽一起煮飯，他會覺得煮出來的餸菜分外美味，吃得更開心更起勁。

參與才會更懂得欣賞

「邀請參與」其實不是什麼新鮮概念，基本上所有老師都會知道，如果你想班上最活潑的學生好好坐下來聽書，最簡單的方法是委任他做班長或行長。孩子有了責任，也自覺是其他同學的榜樣，便會乖乖遵守校規準時交家課，因為畢竟自己是身負重任的角色，也會體驗到原來老師維持班上秩序並不容易。所以要引導孩子循規蹈矩、體諒他人，邀請他們參與是其中一個很有效的方法。

不過對現在的父母來說，要孩子自小便參與做家務可能有一點心理障礙，你們可能會覺得既然家裏雇有家務助理，孩子根本不應協助；又或許你會覺得，孩子應該利用所有時間學習，以爭取名校學位。但我希望各位為了孩子的長遠發展，盡量讓孩子學習課本以外的其他知識和技能。宏觀來說，懂得做家務其實對孩子有利無害，如果將來有機會到外地升學，懂得照顧自己是非常重要的技能。為了你的孩子着想，請自小多給他們接觸不同類型的知識，讓他們的人生有更多機會和彈性。

家長心事

爸媽：我們家裏有一對孩子，一男一女，一個在念小學，一個在讀幼稚園，他們都很依賴，基本上生活細節都由我們和家務助理照顧得很好。但近來我們開始擔心，因為他們很多簡單的事都不會做，我們替他們做了又好像很理所當然，他們一點也沒有想學做的意思，那我們要服侍他們到幾歲？

陳太：你們説的情況現在很普遍，不少家庭都聘有家務助理，孩子每樣事情都有人服侍周到，於是許多孩子都變成毫無自理能力，對家事完全不關心，相信每位家長都不希望孩子變成這樣。為了培養孩子對家有歸屬感，對自己對家人有責任感，我覺得父母有需要讓他們負起對家庭的部分責任，責任的輕重可以隨着年齡而遞增，這樣做既可減低父母的負擔，又會對孩子有好處，何樂而不為？

7. 第七式：
鼓勵孩子探索世界

小孩子都充滿好奇心，許多時候他們扭計是因為父母阻止他們去探索身邊的事物。站在父母立場，孩子周遭充斥着無窮無盡的危機，害怕孩子走失、被陌生人帶走、發生交通意外……林林總總我們可以想像的危險，所以我們不放心讓孩子去探索外面的世界。

曾經遇過一個很有趣的個案，孩子念小學二年級，媽媽很煩惱地向我求助，因為孩子每逢經過任何「不准進入」的告示牌，便必定要求進去，父母當然沒法達成孩子的願望；但孩子非常固執，曾經試過站在商場的電錶房門口三小時不肯離開，令媽媽煩惱不已。另一邊廂，我有位親戚的孩子自小極度好奇。話說孩子剛學識爬行不久便滿屋到處爬，親戚的廚房門長期關上，因為家裏除了嬰兒還養有貓。孩子每天早午晚都會賴在廚房門口，要求媽媽抱他進去看看，親戚不但沒有拒絕孩子的要求，還非常配合，只要孩子想進廚房，她便會立刻抱他進去，孩子從來沒因為進不了去而扭計。

父母的反應決定孩子的行為取向

以上兩個故事反映了一點：孩子扭不扭計，許多時取決於父母如何回應孩子的要求。以好奇心為例，我認為人天生都有好奇心，好奇心是學習的原動力，我們應該大力鼓勵孩子對有興趣的事物追求答案，而不是扼殺他的好奇心。如果你的孩子很好奇，喜歡探求

周遭的事物，我大力建議你鼓勵他去探索。以第一個例子為例，要解決媽媽的困境其實不難，如果事發地點在商場，我會跟孩子一起去找當值的保安員，詢問他是否可以進入貼有告示牌的房間，如果可以，便陪同孩子進去看看，事件就得以解決；如果不可以，起碼孩子知道你有為他的要求而作出努力，他應該不會再扭計不肯走。

趁機跟孩子建立良好關係

在回家的路上，我會跟孩子討論到底什麼是電錶房？為什麼我們不可以進入？如果我們都不知道答案，我便會相約孩子一起去把答案找出來，現在互聯網基本上什麼都可以找出答案。

這樣處理有什麼好處：

(1) 孩子會覺得你站在和他同一立場，不會這樣不准做、那樣不允許，親子關係自然會好。

(2) 從小培養孩子的好奇心，鼓勵他探索周遭的事物，甚至探究外面的世界極為重要，因為充滿好奇心的孩子都很喜歡學習，他們對於不明白或自己有興趣的事物，會主動甚至孜孜不倦地去學習，為的是滿足對事物的好奇。

(3) 在追尋答案的過程中，其實我們是在訓練孩子不同的技能，例如上網搜尋的方法，到圖書館找資料的過程，甚至要親身到

郊外觀察植物、昆蟲的生長形態。每項活動都很有趣，不但會擴闊孩子的視野，也是非常好的家庭活動，經常參與這些活動的孩子，常識一定會比其他人豐富，更可保證他們不會成為整日對着電腦玩遊戲的「沙發薯仔」(Couch potato)。

(4) 此外，為了滿足好奇心，孩子可能會請教其他人，請教人的過程無形中會讓孩子接觸其他人，他們也必須學懂禮貌，這是訓練人際關係的好機會。

(5) 更重要的是在我所認識的聰明、有成就的人當中，沒有一位不是對世界充滿好奇，也有一份探索和冒險精神。因為好奇令他們虛心學習，他們知道世界很大，知識是無窮無盡的，只有無時無刻懷着開放的胸懷，我們才可以吸收無限的知識。

我經常對父母說，不要事事都阻止孩子，不要自小便扼殺他們對事物追求的心，你可以給孩子其中一項最珍貴的禮物，便是為孩子培養一顆好奇心，並鼓勵他勇敢探索，你的孩子將終生受用。

家長心事

爸媽：我們經常收到學校的投訴，說孩子上課時時常離開座位，我們每次都跟他講道理，可是他屢勸不改，近來學校甚至勸喻我們帶他去接受評估，看看他是否患有「過度活躍症」。我們很苦惱，雖然他成績很好，但他這樣很難考進傳統名校讀書。

陳太：你的孩子是不是患有「過度活躍症」我覺得並非事情的焦點所在，有些孩子天生比較活潑，不喜歡長時間坐定，並不代表他們不能學習。正如你的孩子，可能他性格活潑又比較聰明，覺得上課太沉悶也說不定；如果是這樣，因應他的性格，讓他就讀活動教學的學校，可能比他進傳統名校更為適合，他會學習得更愉快，有更大機會發揮他的長處。

8. 第八式：
讓孩子知道還有其他選擇

其中一項父母最常見的投訴是：我的孩子很固執，無論說什麼、給他什麼他都不肯，因此經常扭計！孩子扭計的題目一般包括：一定要玩某些玩具，例如手機、iPad遊戲；一定要吃糖喝汽水；一定要到公園玩等。

當孩子扭計甚至哭鬧得呼天搶地之際，父母通常會用言語安撫他們，例如：「孩子乖，不可以再玩遊戲了，很傷眼睛的；好了好了，寶貝今天不舒服，不可以吃糖糖，待你病好了媽媽再讓你吃；寶寶乖，媽媽今天趕時間，不能帶你到公園玩，我們還是先回家……」如果你通常都是這樣哄孩子的話，成效如何呢？如果成功，或許是你的孩子很懂事很乖；如果這些都不行，不妨試試以下方法。

體驗其他事物的好處

人是通過實際經驗去學習的，你的孩子喜歡某些特定的東西，愛到特定的地點，是因為他們體驗過這些東西這個地方好玩，這種食物特別可口，孩子執意要得到他們喜歡的物事其實是人之常情，既然這樣，我們應該利用人這種天性，自小便讓孩子嘗試更多。

我們可以從不同角度看看如何給孩子體驗不同的事物，只要他

知道原來許多東西都可以讓他快樂，他便無須一意孤行。

(1) 玩

　　回想孩子是如何喜歡上玩手機的？那時孩子還很小，我們在酒樓、巴士上為了令孩子安靜下來，最方便的方法便是給他玩手機，不久，多姿多彩的電子遊戲便把孩子吸引住，甚至上了癮！如果不希望這種事情發生，下次帶孩子外出，請你自備顏色筆和畫冊，讓孩子靜靜坐着畫畫；或帶備小玩具車、洋娃娃，讓孩子在飯局中玩，甚至帶年紀較小的孩子出外面走走，總之就是盡量不要自小便讓他養成手機、遊戲機不離手的習慣。簡單而言，我們最好自小便替孩子培養不同的興趣，只要他知道一時間不玩這種東西，自有另一種玩意替代，他扭計的機會便相應下降。當然，長大後對電子遊戲上癮的機會也會較低。

(2) 吃

　　嗜甜、喜歡吃可口的食品可算是人的天性，無奈通常可口的食品都不太健康。如果你的子女特別喜歡吃糖果、朱古力這類食品，你不妨給他吃不同的水果或果汁，甚至你可以嘗試和他一起研製混合果汁，以果汁果肉來製成布丁、果凍等食品，讓他嘗試原來有益健康的食品也可以很可口。這個方法可能有效，原因在於我們是根

據孩子嗜甜的口味去引導他，而不是強行扭轉他的口味，或阻止他去吃他喜歡吃的東西，只是把更多選擇，更健康的食物帶進他的生命裏。

(3) 學習

　　學習不就是拚命讀、專心記嗎？還有什麼選擇？我曾跟一位母親有過一番討論，她在香港土生土長，從小便接受「填鴨式」教育，她覺得學習只需要一種方法：拿着書本，定定地坐在椅子上，專心一致地把課文背誦下來！我卻有另一番感受，我覺得學習必須從興趣出發，如果課文沉悶艱深，即使再好學的人，也很難不對着它打瞌睡；反之，如果我們可以因應孩子的興趣，找尋或自製教材吸引他學習，學習成效必然會事半功倍。我也鼓勵家長進行活動教學，與其要孩子半歲便開始背誦生字卡，不如帶他到郊外看植物、小昆蟲，到海邊拾貝殼，到圖書館挑圖書，到超級市場認識日常用品，相信孩子體驗到的、學習到的，一定比拿着書本、生字卡學習到的更豐富。

　　讓孩子體驗到人生有許多選擇這種經驗極為重要，不但可以大大減低他因為固執而扭計的機會，其實對於他將來的成長發展也很有幫助；如果人知道有選擇，發展機會會相對提高，也不會因失落

於一件事、一個人而過分沮喪，心態會較為健康積極。

家長心事

爸爸：我很擔心我的女兒，她今年讀小學四年級，自一年級起她便有一位很要好的同學，豈料同學因為搬家這個學年轉了校，自始女兒便很不開心，沒心機讀書，也吃得很少，我們既擔心她的學業，也擔心她的健康。

陳太：對孩子來說朋友非常重要，尤其內向的孩子，要是他交到很要好的朋友，他們便會出雙入對，什麼事都一起做。女兒突然失去好友一定很不習慣，你們可以和她談談她這刻的感受，一方面告訴她可以繼續跟那位同學做朋友，另一方面也鼓勵她嘗試跟其他同學玩，說不定會找到另一位好朋友。人生旅途上我們經常會面對失去，因此我們要早早學習每樣事物都可以用其他事物替代，我們才不會因過分執着而情緒低落。

9. 第九式：
加強孩子的表達能力

　　小孩子許多時因為不懂表達自己想要的或不想要的，會變得焦躁不安，從而演變成扭計哭鬧，既然問題的源頭在於他們不懂得表達，只要我們訓練他們如何表達自己，包括表達自己的感受，問題便會迎刃而解。

　　中國人有一種「傳統美德」，那便是「啞忍」。我們小時候肚子餓，爸媽會說忍一忍就好了；成年人吩咐你做你不喜歡的事也是要忍，問為什麼或拒絕遵從通常會換來一頓打罵，我們自小便被訓練成不懂或不敢說話（表達自己的意願和感受）的人。如果你想孩子學懂表達自己，第一步你必須鼓勵他去表達，謹記當他跌倒擦傷了膝蓋，你千萬別再對他說：「好孩子是不哭的！」而應該對他說：「傷了腳很痛對不對？如果你想哭可以哭出來。」

自小培訓表達能力，有助減低扭計機會

　　以下是訓練孩子學習體驗情緒，運用語言去表達自己的方法，你不妨試試：

(1) 講故事時間

　　要訓練孩子加強表達能力，其中一種最有效的方法是每天給他講故事。我一直大力推廣親子之間要有講故事時間，因為好處實在

非常多，當你和孩子講故事時，他無形中可以學到很多語言技巧。故事的主人翁有不同經歷也有各種感受，孩子聽《小紅帽》的故事會學會小女孩懂得關心祖母，看到祖母時很開心，後來發現大灰狼假扮祖母會很驚慌，後來獵人殺死大灰狼救出祖母，小紅帽跟祖母團聚那份喜悅等等。單是一個經典童話故事，已可以讓小朋友體驗喜怒哀樂各種情緒，而作者用作描繪主人翁感受的各式詞彙，孩子會在不經不覺中學會，那會有助加強孩子的表達能力，到他們想表達自己的感受時便會得心應手，而不用單靠哭鬧來表達不開心或不舒服的情緒。

(2) 日常生活的訓練

我們可以配合孩子的成長過程，一步一步地培養他的表達能力。如果孩子由你照顧，即使他未學懂運用語言，我們也可以引導他表達情緒。例如若他只懂用眼神、點頭或搖頭來表達要或不要，你可以在適當時候問問他的意向，如果你推算孩子差不多肚子餓了，你可以問他：「寶寶，你是不是肚子餓了？」如果他懂得以眼神示意甚至點頭，你便讚許他，然後給他食物。經過反覆練習，孩子不但能學會「肚子餓、食物」等詞彙，更重要的是他會學懂如要得到任何東西，只要表達便可以，無須哭叫來引起成年人注意。

待孩子長大一點，開始學習使用語言，我們便可以訓練他們用語言表達感受，以及說出想做和不想做的事情。用語言表達這種習慣一旦養成，孩子便不會用扭計來爭取他想要的東西。

(3) 布偶劇場

另一個有效引導孩子表達的方法便是利用布偶或其他玩具，引導孩子表達自己的感受和意願。我們可以在家裏放置幾個不同角色的小布偶（當然其他玩偶也可以），例如小兔子、小貓、大象、獅子等等。假設孩子自從上幼稚園後變得不開心，每天早上都扭計不肯上學，可是無論你怎樣問他，他都表達不出所以然來，你可以鼓勵他選一隻布偶代表他自己，並代你挑選其他布偶假裝老師和同學，然後由你帶領他進行對話，例如問問他學校好不好玩，同學好不好，老師惡不惡等等。首先他挑選什麼動物去扮演什麼角色，已透露了他對這些人的印象，加上你們之間的對話，你會找到他不想上學的端倪，只要找出原因然後對症下藥，孩子扭計不上學的問題便得以解決。

此外，鼓勵孩子以畫畫來表達自己的心情，也是了解孩子很有效的方法，如有疑問你可以請教兒童心理學家、藝術治療師或輔導人員等專業人士。

家長心事

媽媽：我的兒子正就讀小學五年級，他從來不跟我聊天，詢問他學校的情況他也不回答。雖然他的成績中等，其實暫時我也不用太擔心，可是他已經越來越大了，我很擔心他上中學後會結識壞朋友而學壞，到時他更不會跟我說話，這可怎麼辦？

陳太：近來跟一位年輕人聊天，他說自小爸媽便各自上班，他和妹妹平常上完學便到補習社，直至黃昏時分才回家。爸媽以往從來不會跟他和妹妹聊天，直至上了中學，父母才開始經常「問長問短」，令他覺得很煩。其實親子關係需要自小培養，如果你已錯過了開始的「黃金時間」，我建議你嘗試了解孩子喜歡的玩意，從那裏着手跟他打開話題。如果你一開始就只管關心他有沒有交上壞朋友，書讀得好不好，他會覺得你並非關心他而是「另有目的」，這樣他們通常都不會理睬你。

10. 第十式：
防患於未然

　　讀過我的前作《有機良方——開心孩子輕鬆教》的家長應該會知道，我經常強調「治未病，防患於未然」這個概念。關於孩子扭計這個課題，什麼才是「防患於未然」？讓我向你一一道來。

(1) 及早為孩子養成良好習慣

　　人最難改的是習慣，如果你的孩子習慣了以扭計來表達自己，包括取得自己想要的東西，要求做想做的事情，甚至以扭計來表達自己的負面情緒，習慣一旦建立起來，要改變將要花很大力氣。如果讀這本書時，你的子女年紀還很小，我強烈建議你千萬不要讓孩子養成扭計的習慣，尤其當他以大哭、扔玩具、打人這些手段來要求他想要的，你不可以因此而讓他得到。因為有了第一次的成功經驗，孩子很快便學會這是捷徑，無論他想要什麼，只要哭鬧便會得到，習慣很快便會養成，那便是惡夢的開始。

(2) 從小培養自理能力

　　其中一種最困擾父母的狀況，便是孩子十分懶惰，明明已是上學的年齡（有些甚至已上了中學），卻完全拒絕自理，事無大小都要旁人侍候，從不肯執拾書包，房間衣物用品四處亂放，甚至喝水、繫鞋帶都要家務助理或父母代勞。在這些孩子年紀還小的時候，父母覺得旁人照顧孩子是理所當然的，但隨着孩子不斷成長，

有一天他們驚覺孩子竟然完全缺乏自理能力，也變得很懶惰，於是父母便開始催促孩子自理，通常孩子到了這階段對此都甚為抗拒，因為自小他便習慣了每事都假手於人，如今你要他親力親為，他會覺得非常不合理，他會想：父母還在身邊，家務助理也還在家裏工作，我為什麼要自己動手？

我對所有父母的忠告是：從小開始便應訓練孩子自理，讓他們負責一點家務，即使家裏有家務助理，也需要他們自己收拾玩具，自行進食，並要學習餐桌禮儀。這些從小的訓練會逐漸成為孩子的習慣，將來不單會讓他們終生受用，也大大減低了他們成為「扭計懶人」的機會。

(3) 父母需要學習聆聽和觀察

站在小朋友的立場，有時我也會理解為什麼他們會扭計。有些父母，即使他們在跟我對話，但無論我跟他們說什麼，他們根本沒用心聽，只會重複又重複地說他們的想法，他們希望子女如何跟着他們的方式去做事。例如有父母向我投訴，他們覺得子女有能力每科都取得A等成績，奈何子女成績表上有A有B，父母覺得子女並沒有盡力，因此每天都鞭策他努力，令子女承受巨大壓力，雙方關係更勢成水火。

在此我懇請你聽聽孩子的心聲，無論學業成績也好，人際關係或其他任何事情都好，孩子也有他們的想法和感受。雖然你做的選擇十之八九都是為了他好，可是很多時候基於雙方的不了解，你們為孩子帶來了許多壓力，久而久之形成孩子承受不了的爆發點，那便是他扭計的原因。（改善方法請參考《有機良方──開心孩子輕鬆教》）

(4) 去除孩子產生負面情緒的因素

孩子發脾氣，主要跟憤怒、哀傷和恐懼有關，家長應該審視孩子四周有沒有會令孩子產生這幾項負面情緒的因素和環境。令孩子產生上述情緒的常見因素包括孩子的個性，父母的關係、情緒和管教方式等。我們一旦發現孩子經常扭計，首先我們得靜下來，細想一下有沒有因素令孩子出現負面情緒，有時審視的過程中會觸及父母自己的痛處，可是作為父母，我們必須承認我們的情緒、我們的決定會直接影響到孩子，而某程度上孩子扭計是一種求救信號，如果我們不為孩子作出改變，孩子的行為也無法改變。如果有什麼難處，請跟你的家人朋友商量，或找專業人士協助，無論是教養孩子，還是你的個人問題，你也無須獨自面對，我們都很樂意與你共渡難關。

(5) 自小習慣合羣

現在大部分家庭的孩子數目相對較少，很多父母都視子女如珠如寶。有些父母為了保護子女，經常將他們寸步不離地帶在身邊；加上孩子自小便要參加一大堆學習班，他們很少機會跟同齡的小朋友玩耍相處，久而久之，許多小朋友的「玩伴」只有爸爸媽媽。這是很令人擔憂的現象，因為這類孩子到了上學階段，根本不懂跟同學相處，部分跟同學產生許多摩擦，部分不理睬同學，甚至覺得同學太幼稚而不屑跟他們做朋友。由於不習慣也不喜歡跟同齡的小朋友相處，這類孩子很多時會以扭計來抗拒參加團體活動，如果你不希望孩子出現社交障礙，請從小便讓子女多跟小朋友接觸相處，這是防患於未然的最好方法。

以上五點只概括了部分扭計原因，由於篇幅所限未能一一盡錄，如果你想到還有其他防患於未然的因素，希望你跟我和你身邊的朋友分享。

第三章

Chapter 3

「扭計」實例分析

前言

　　打從決定寫這本書開始，我便着手整理有關孩子扭計的實例。在過往的工作中，曾直接接觸的家長恐怕有過萬，加上親戚朋友的咨詢、在日常生活的觀察，我希望整理出最典型、最多家長關注的實例，讓家長讀這本書時有所啟發。書裏的例子都是真實情況，謝謝以往曾參與我的講座、小組、工作坊的家長，你們的發問為正受類似情況困擾的家長提供了出路；謝謝為我提供個案的朋友，你們的支持是我繼續努力的動力。

　　正如我所說，由於所有例子都是真實個案，為保障當事人的私隱，書內個案人物的名字皆是杜撰，我也盡量省略一切相關人士的背景資料，甚至年齡、性別也可能跟當事人不符，目的是保障當事人的身分。在此重申，無論在任何媒體，我都極力保障當事人的私隱，盡力在分享經驗和保障當事人之間取得平衡。

　　其實每個家庭、每位家長面對的情況都不一樣，書中的例子可視作參考，由於我的應對方法並不傳統，也較為靈活，我希望家長以此為借鏡，在面對孩子的心理行為狀況時，採取先了解後處理的程序，以開放的思維、寬容的心、靈活的方法去面對所有挑戰。在孩子的事情上，我是你們的後援，遇到任何困難歡迎你們透過Facebook聯絡我，分享和交流彼此的經驗。

1. 不吃飯的孩子

　　五歲的小傑身形比同齡的男孩瘦小，父母擔心他營養不良。原來小傑每餐都不會坐着正經吃飯，總是邊玩邊吃，不是由家務助理追着餵飯，便是由祖母再三翻熱食物，一頓飯通常耗上個多兩個小時也未吃完。小傑的爸媽希望他能改掉這個壞習慣，但無論如何跟小傑講道理，小傑依然故我，父母也只好作罷。

個案分析

　　小傑的身形比同齡的小朋友瘦小，我建議父母首先帶他往見兒科醫生，檢查身體是否有毛病，吸收力是否正常。若身體機能一切正常，我便會嘗試確定孩子在飯餐之間不可以進食太多零食，讓他的小肚子有空間吃飯；要是他真的不肯吃飯，我也不會迫他吃，但會清楚地告訴他，每餐飯各人大概有四十五分鐘進食時間，如果大家都進食完畢便會收拾碗筷，他可以選擇不吃，但之後我不會給他吃別的食物。

　　孩子起初可能會依然故我，但只要父母堅持，堅守自己訂下的規則，孩子明白到不吃飯整晚便會餓着肚子，過一段時間，他便會乖乖地在指定時間內進食，關鍵在於父母必須堅持。

應對方案

至於要怎樣提升孩子對吃飯的興趣，父母可以作以下嘗試：

(1) 爸媽可以在假日跟小傑一起擬訂下星期的菜單，然後帶小傑到超級市場或菜市場買菜，目的是讓小傑有機會參與預備食物。以往小傑從沒有參與預備飯菜，他覺得整件事與他無關，更不知道煮飯原來要經過一番程序，讓他參與可以令他感覺自己在過程中曾經出力，加上他有權選擇自己喜歡的食物，這樣做應有助提高他對吃飯的興趣。

(2) 父母也可以邀請小傑擔任「吃飯組長」，負責管理開飯至收拾碗筷整個流程，也要維持餐桌上的秩序，確保所有人都乖乖地把晚飯吃完。由於小傑自覺要作為家人的榜樣，所以他必須要乖乖地、循規蹈矩地吃飯。如果他沒有履行做組長的責任，爸媽和其他家人可以裝作不乖，在飯桌上搗蛋，例如把飯菜弄得滿桌都是，或吃剩飯等等，令孩子體驗維持秩序的苦處和難處，以培養他的同理心。

停一停，想一想

1. 平常孩子的飲食安排是怎樣的？正餐之間是否吃了太多零食？

2. 孩子不肯吃飯，你是否總追着他餵他吃？

3. 孩子不肯吃飯，為了不讓他肚餓，你是否不一會便讓他吃其他食物？

4. 若你知道有其他人，例如祖父母或是家務助理維持着孩子不專心吃飯的習慣，你有否跟他們商議，看看是否可以作出改變？

教養錦囊

　　孩子的食量各有不同，因人而異，如果孩子天生因食量較少而比同齡小孩瘦弱，父母可能需要多理解有關食物營養的資料，每餐為孩子預備的飯菜必須營養均衡，並盡量避免讓他進食「垃圾食物」，因為孩子的胃口有限，「垃圾食物」會妨礙他吸收發育所需的營養。只要多關心孩子吸收營養的情況，跟他一起做運動，相信孩子很快便會追上其他小朋友的生長進度。

---

2. 不洗澡的女孩

　　即使最有耐性的父母，在某些關鍵處上也容不下孩子的行為。靜宜是一名不修邊幅的女孩，就讀小學三年級的她不但不愛洗澡，而且從來不會執拾書包，書包裏經常有些莫名其妙的東西，例如吃剩一半的蛋糕、未洗的調色碟，甚至有過死去的蟑螂。無論父母如何軟硬兼施，靜宜對自己的衛生情況和儀容依舊愛理不理。媽媽起初覺得不修邊幅是女兒的個性，沒什麼大不了，可是上次家長會班主任告訴媽媽，同學因為靜宜的衛生情況對她避之則吉，媽媽終於開始擔心了。

個案分析

　　首先我非常好奇，冰凍三尺非一日之寒，靜宜是如何變成這樣的呢？原來靜宜的爸媽都是專業人士，平常早出晚歸，靜宜自小便由家務助理照顧。由於她是一個乖巧的孩子，身體很健康，讀書也不用父母操心，因此兩夫妻真的沒花多少時間在女兒身上。靜宜很安靜也很專心，很小便喜歡閱讀，除了上學、做功課、溫習，其他時間也是書不離手的，她的專注程度令她不大理會其他事，也不跟其他小朋友交往，因此她從不注重整潔和儀容。

應對方案

父母可以怎樣引導女兒改善個人衛生問題：

(1) 針對靜宜的情況，我建議她的父母必須騰出時間關注女兒，多些陪伴她，關心她的生活，關心她的想法和心情。由於靜宜大部分時間都是獨處，她從來不大理會其他人，因此便忽略了自己的儀容和外表。從跟父母溝通開始，慢慢讓她習慣與人相處，希望她會開始把一點點注意力放在自己的儀容上。

(2) 另一方面，父母可以跟靜宜動手整理她的房間和私人物品：把垃圾清理掉，以相簿或漂亮的盒子存放有紀念價值的東西，例如照片。整個過程必須跟女兒有商有量，由她選購相簿、盒子，然後好好把自己的東西儲存整理。這樣做有什麼好處？由於爸媽一直忽略了她，如果可以有多些時間和爸媽共處，一起開開心心地整理房間，房間整理好又能獲父母的稱讚，這些感覺良好的經驗，說不定有助靜宜建立起整理的習慣。

(3) 至於多帶她出外，為她添置新衣履，也有助她關心自己的儀容。畢竟將近進入青春期的女孩子，當她跟其他人有接觸有互動時，一定會介意其他人怎樣看自己，也會在街上跟其他女孩子作比較，這樣一來，她會在不知不覺間開始注意自己的外表，也應該會

主動洗澡和整理頭髮。當然父母作為她的榜樣，自己也要每天都整齊清潔，隨身攜帶的手袋、公事包也要整理好，令女兒明白維持儀容整潔是每個人的責任。

(4) 另外還有一項有趣的家庭活動，就是父母可以跟女兒一起研究市面上的個人清潔用品到底哪些適合自己使用。考慮的範疇可以包括皮膚性質、成分、製作過程有沒有用動物作測試、是否環保、比較各種牌子的價錢等等，一家人大可利用幾個周末到大型超市、百貨公司、專門店去比較各種商品，讓這個小研究成為一項有趣的家庭活動。

停一停，想一想

1. 即使你有最可靠的家務助理替你把孩子的起居飲食照顧得很好，但你有沒有足夠時間關心孩子？照顧她的成長需要？

2. 工作對你很重要，但為了工作你可能犧牲了太多跟孩子的相處時間。有很多子女告訴我，從小爸媽只顧工作，根本沒有時間陪伴他們，長大後，他們覺得跟父母很生疏，基本上與陌生人無異。你覺得只顧工作而失去孩子值得嗎？

—————— 教養錦囊 ——————

人天生是有個性的，後天環境對人的影響程度有
多大，誰也不能肯定地告訴你。曾經有父母告訴我，
他們都是外向多言的人，兒子卻寡言喜歡獨處，在他
們的觀念裏這是「完全錯誤」的，因為他們覺得人際
關係極為重要；於是他們用盡了一切方法，希望令兒
子愛上羣體生活。但即使兒子長大成人了，他們的願
望也從未實現。某程度上父母希望子女成為一個怎
樣的人，純粹是你的主觀意願，你嘗試過讓他們改變
便足夠，最終都請你尊重你的孩子所作的選擇：一個
不愛整潔的人可能一生也會不修邊幅，你也只可以接
受他這個樣子。

3. 令人煩厭的門鐘

九歲的智仔出名是「頑皮鬼」，經常在學校犯校規，也不大喜歡讀書，對於做功課、測驗、考試等從未認真對待，成績當然不大好，媽媽也經常收到學校投訴，說孩子上課不專心，需要正視學習等等。媽媽一心希望孩子有改善，於是每天絮絮不休地教訓孩子，令孩子不勝其煩，想盡辦法要「報復」媽媽。孩子決定每天放學回家，便猛力地胡亂按門鐘，媽媽覺得這種聲音十分煩厭，兒子每天回家的時間，媽媽便心煩氣躁，罵了不知多少遍，這正中兒子下懷，使他越按越開心，因為媽媽對此束手無策，他覺得這樣是報復了媽媽對他的「日哦夜哦」。

個案分析

孩子的行為有時會令人很氣惱，但如果你掉進了跟他各不相讓的局面，事情可以沒完沒了地糾纏很久，有時我們需要打破固有的思維模式，以意想不到的方法來突破僵局，這個案例便是一個很好的例子。媽媽向我訴苦時，這個對峙局面已維持了好一陣子，媽媽覺得兒子的行為十分煩厭，曾經狠狠罵過兒子，也曾出手打他；其實孩子因此也吃了不少苦，可是他的行為依然繼續，因為他能從「報復」媽媽之中得到快感，所以即使要付出皮肉之苦的代價，他依然樂此不疲。

應對方案

聽過媽媽的苦況，我建議媽媽明天在兒子放學的時間，自己站出門外，當兒子回到家門時，媽媽自己便開始按門鐘，還要是很開心的，以玩的表情和手法，有節奏地按。媽媽這樣做，可以化被動為主動，也換了地理位置和角色，她不用再忍受令人煩厭的門鐘聲，而變成了開心地玩門鐘的人。起初媽媽聽見我的提議，滿臉疑惑半信半疑，我相信她當時一定在想：那有專業人士這樣教人的？真的行嗎？

礙於自己的方法已用盡，媽媽只好「死馬當活馬醫」。翌日她真的根據我的建議去做。她後來向我報告，兒子當日回家看見媽媽站在門口已一臉疑惑，後來媽媽竟然開心地玩起門鐘，他只有呆呆地望着媽媽不懂反應，但自那天開始，兒子再也沒有以按門鐘這種方法來氣媽媽，因為他知道這個方法已行不通，事情便這樣解決了。

大部分父母面對孩子的情緒或行為問題時，通常會有一套固有的做法：先是好言相勸，然後是稍加斥責，當問題未獲解決，父母的懲罰便會升級，嚴苛地責罵，最後有可能演變成體罰，而體罰也有不同程度的體罰方法，最嚴重的變成可悲的虐兒個案。其實這是

否一個不可改變的模式？如果我們思考多些、靈活一些，以輕鬆和出人意表的方法應對孩子的行為，僵局輕易便可以打破，問題也會迎刃而解，根本不需要做出損害孩子自尊、破壞彼此關係的事。

但長遠而言，「解決」孩子一種「行為問題」根本解決不了事情，孩子為什麼刻意干犯校規？為什麼抗拒上學？為什麼對你有這麼大的敵意？他是否只針對你作出挑釁的行為等等，都是我們有必要了解的事情。我們必須探究孩子行為背後的原因，令他回復平靜的心境，活在安全舒適的環境裏，他才可以做回平常的孩子，而不用再以種種行為問題來喚醒你對他的關注。我相信孩子如果需要以行為來對抗你，其實他一點也不快樂，請想想辦法解救你的孩子。

停一停，想一想

1. 當孩子有一些很明顯的行為問題，甚至針對性地對你作出挑釁，你必須仔細地檢討和審視你跟孩子相處的歷史和現在的關係，只要心結解開，行為問題也會隨之而去。

2. 你在處理孩子的事情時，是否受到許多前設和固有概念所限制，令你看不清事件的脈絡，窒礙或誤導了你找到解決問題的方向？

教養錦囊

曾經見過許多家庭，父母子女之間存在着很多誤會，甚至互相猜忌，所以任何一方所説的話都帶着尖刺，一開口便刺痛對方，尤其曾經受過傷害（例如曾遭父母虐打、遺棄）的孩子，情況尤其嚴重。這些孩子可能對父母存有報復心態，或相反很想得到父母的愛，而做出種種惹人注目的行為。不少父母在這種關係上都迴避觸及以往家庭的歷史，而把矛頭集中在孩子「現在的行為問題上」，如果父母希望循這個方向「解決問題」，通常都會徒勞無功，有時可能只要你一句真心誠意的道歉，孩子的心結便會解開。

4. 打媽媽的孩子

事情是由爸爸向我轉述的。話說有一天爸爸放工回家,媽媽正教導兒子做家課,爸爸聽到媽媽的語氣非常嚴厲,不停地指責兒子這裏做得不夠好,那裏做得不對,那一刻爸爸也覺得媽媽的語氣實在過重,但礙於太太在教兒子,他也不好上前干預,以免媽媽在兒子面前失去威信。爸爸在旁觀察,發覺兒子的面色由紅轉白,由白轉青,握着鉛筆的手在微微發抖,可見兒子已經十分憤怒。可是媽媽並沒有停下來的意思,依然狠狠地在責罵兒子,「啪」的一聲鉛筆斷了,兒子憤怒地扔下鉛筆,有點失控地捶打媽媽,爸爸見狀立刻上前喝止兒子,並教訓了他一頓。雖然他明白不能全怪兒子,但為了不讓兒子習慣以打媽媽來反抗,他只好選擇體罰孩子。其實這類情況可以避免的嗎?

個案分析

正所謂「愛之深,責之切」,許多父母在教子女溫書做家課的時候,即使在旁邊的我也感受到那份壓迫感和威脅,只要稍有「差池」,爸媽便會狠狠責罵,在這種氛圍下,孩子很難專心做家課。根據我的經驗,不少孩子為了逃避責罰,寧願說謊也不肯做家課或溫習,父母會因此而得不償失。

家長心目中對孩子學業表現總有一定的期望,雖然如此,我們

必須了解個別孩子的能力。我們希望他的字體端正，但有否了解他手部肌肉的控制能力是否已發展到能完全駕馭鉛筆，寫好微細的筆畫？希望他每科成績都能達到九十分以上，但有否關心他有沒有溫習的動力？各科的深淺程度是否適合孩子學習？我們應鼓勵孩子學習，而不是以責罵的語氣指責他這裏不足，那裏不對？我們應該關心孩子的休息時間是否足夠？除了休息，他有沒有玩耍的時間？他的身體狀況如何？我們有否提供一個安全舒適的環境讓孩子讀書？凡此種種，請用心想想。

就上述個案，雖然我很同意爸爸的看法，絕不可以讓孩子養成打媽媽的習慣，但如果以體罰來制止孩子，其實是「以暴易暴」，這樣會令孩子感覺很混淆：爸爸不許我打人，他卻打我？這樣不單不能令孩子信服，反而樹立了很壞的榜樣，令孩子以為打人是解決問題的方法。無論如何，我反對家長以體罰教導孩子。

應對方案

以下是我認為教導孩子做家課較理想的方法：

(1) 孩子放學後先讓他休息一會，吃一點東西，太餓或太飽都會影響人的專注力。

(2) 做家課應由容易做、容易完成的科目開始，孩子每完成一項家課，可以讓他小休五至十分鐘。請謹記即使是成年人，一般專注力大概只可以維持四十五分鐘，孩子的話，我會大約每半小時便讓他停一停，上上洗手間也好，吃點東西也好，小休以後孩子才可以維持專注。

(3) 多留意孩子的努力和嘗試，加以鼓勵和讚賞。例如他寫完一個筆畫較多的生字，即使字體不大端正，你也可以稱讚他寫得很好，讓他感受學習的成功感和滿足感。

(4) 分數雖然很重要，但只求分數而忽略學習的過程和樂趣是本末倒置。學習過程越有趣，越能提高孩子的學習興趣。

教育孩子要注意的事

父母跟孩子溝通或對話時，需要觀察孩子的情緒和反應，過分苛責只會把孩子推向臨界點，很可能造成失控的行為，尤其對着進入青春期的孩子，這種危機會越高。我經常強調，即使對孩子說話也應保持尊重和有禮貌，並要選擇時機去教導孩子，切忌在其他人面前教訓和數落孩子的不是，因為孩子也是有自尊心的，我們要好好保護他們的自尊心。

停一停，想一想

1. 雖然你是父母，在人倫和權力架構的位置要比孩子高，但你有沒有想過，當你跟孩子說話和溝通時，也需要關注孩子的情緒和反應，如果迫得孩子太緊，他很有可能會做出反抗行為。

2. 兩夫妻當中，如果有一位比較有耐性，另一位較易衝動，請考慮由較有耐性那位主要負責孩子的學習，以免自己動氣之餘，也避免孩子受到過分苛責，影響對學習的興趣，並損害了孩子的自尊心。

教養錦囊

不知從何時開始，孩子的學業成了每個家庭的戰場。現代的父母盲目地相信「被動學習」，認為孩子學什麼、怎樣學，都必須由父母安排。在我的個人經驗裏，學習是愉快的，父母從來沒有要求我做家課溫習，我喜歡讀書，因為覺得讀書很有趣，我可以選擇自己喜歡的知識去學習，可以選擇最適合我的學習方式。真的很想知道，現在還有沒有父母相信「主動學習」，鼓勵子女發掘自己希望學到的知識，摸索最適合自己的學習方法？

5. 有理由扭計的孩子

孩子無理扭計，我們可以理直氣壯教導或教訓他們，可是如果孩子有合理的理由扭計，我們又可以怎樣處理呢？姍姍自小便是很難照顧的孩子，因為她的皮膚十分敏感，身上經常長滿濕疹，痕癢難當。由於實在難受，姍姍很多時會忍不住哭起來，無論是飲宴席上，還是電影院裏，姍姍要哭便哭，也顧不得什麼場合。爸媽知道姍姍的苦況，因此都盡量忍讓她，奈何姍姍常常在公共場所發脾氣哭鬧，爸媽常被陌生人指責他們沒家教，他們也不可能跟路人解釋，爸媽既無助又難受。

個案分析

許多家長都覺得做父母是一條孤單而艱辛的路，因為無論在哪一個時間點你都很彷徨，不知道自己的決定做得對不對，是否為子女做了最好的決定，尤其家裏有特殊需要的小朋友，走的路會比其他家庭更不平坦。孩子在公共場所經常做出惹人注目的負面行為，父母一定會不好受，他們第一關要過的，我覺得是要接受自己的孩子，對路人的目光和批評處之泰然。其他人對你的孩子不了解，對她投以怪責的目光某程度上是可以理解的，但作為孩子的父母，你知道女兒行為背後的原因，你應該以愛來包圍她、保護她，如果你也覺得女兒為你帶來麻煩，女兒便會很可憐。

應對方案

我建議姍姍的父母可以嘗試以下方法：

(1) 憑藉我以往的輔導經驗，其中一種對這類父母很有幫助的方法，便是尋找同路人一起結伴同行。有其他特殊需要的兒童都有許多家長組織，雖然暫時未聽聞有濕疹兒童家長的組織，但其實兒童濕疹也非常普遍，只要問問身邊的朋友同事，便會發現不少家長都正面對這個問題。如果認識到面對相同困擾的家長，你不妨跟他們談談，互相交流對子女有幫助的治療方法，如何協助子女處理身心受苦的困擾。交流的過程中你會感到終於找到明白你苦況的人，同時也明白原來這個世界還有許多同路人，你們不是孤單地面對困難。

(2) 你們也需要為孩子積極尋求紓緩因濕疹造成的痛苦。醫學方面我並不是專家，你可以請教皮膚科醫生、中醫和營養師等專業人士，但你可能忽略的一點是原來情緒和壓力也會導致濕疹復發。如果你的家庭氣氛不安全、不和諧，父母情緒有問題，總之任何對孩子構成心理和情緒壓力的原因，都可能誘發濕疹，或令情況惡化。我曾經接觸過一個家庭，孩子的父母在他很小的時候已離異，離婚後父母關係更十分惡劣，每當兩人有什麼爭執孩子便成了磨

心，通常孩子在這些日子濕疹便會發病得很嚴重，可見孩子的情緒和濕疹問題有着不可分割的關係。

(3) 由於濕疹不但令孩子很難受，也會影響孩子的外觀。我認識一些濕疹問題很嚴重的孩子，當濕疹發作時都有一點自閉傾向，他們不喜歡別人對他們問長問短，或投以奇異的目光。在孩子濕疹復發的日子，建議父母盡量不要勉強孩子外出，因為香港到處人煙稠密，空氣也不好，孩子置身在人多的地方會很不舒服。

(4) 很多患有濕疹的孩子個性都比較畏縮，甚至長時間拒絕上學，我建議父母可以鼓勵他們學習繪畫、樂器或手工藝等興趣，一方面讓他們抒發情緒，另一方面在他們不能外出的日子，也可以在家消磨時間。

停一停，想一想

1. 曾經有家長問我：我已經很累了，為什麼是我？為什麼我的孩子跟別的孩子不一樣？其實同一件事是否可以有另一種想法？既然我的孩子特別需要愛，我們兩夫妻是否要比別的夫妻更相愛、更應該互相扶持鼓勵，為孩子營造一個充滿愛的成長環境？

2. 究竟可以如何去認識跟自己有類似情況的家庭？跟其他家長交流溝通，會令自己和孩子都好過一點嗎？

────────── 教養錦囊 ──────────

做父母是一生一世的事，由你決定生孩子那一刻開始，你便擔起了為人父母的責任。當然我們都期望孩子長得活潑、聰明、漂亮、身體健康，可是世事不一定從人願，亦請你好好愛錫自己的孩子。每位父母都會有身心疲累的一刻，但孩子能帶給你的愛和滿足感，是世上沒有任何一種東西或感情可以代替的。請珍惜你擁有的、上天賜給你最寶貴的禮物，並全心全意，好好地愛他一輩子！

6. 自殘的孩子

　　一臉憂心的父母向我表示，三歲多的女兒最近令他們很擔憂，事緣她總是「無緣無故」地把頭撞向牆、咬手指甲、扯掉自己的頭髮，他們已帶女兒見兒科醫生，醫生說她身體一切正常，建議他們帶她去見兒童精神科醫生，他們不希望女兒看精神科，所以便來見我，想聽聽心理學方面專業人士的意見。他們的女兒平時在學校很乖很正常，通常自殘的行為只會在家出現，首先他們不明白為什麼會這樣，其次他們也害怕其他人誤會他們虐待兒童，更重要的是他們擔心長此下去，女兒的情況會越來越嚴重。

個案分析

　　一般而言，孩子很少會做出「無緣無故」、「無法解釋」的行為，關鍵是我們如何去解讀孩子行為背後的意思。這個個案有一項很明顯的提示：「女兒平時在學校很乖很正常，通常自殘的行為只會在家出現」，由此可見，她的自殘行為很有可能跟家庭環境有關。跟父母詳談，發覺兩夫妻的關係很緊張，媽媽的脾氣比較急躁，爸爸經常擺出一副「什麼都沒所謂，你說怎樣便怎樣」的委屈表情，看著他們的交流，即使我也覺得很不舒服，很難想像三歲多的孩子每天都要在這種氣氛環境下生活。

　　私下跟兩人會面，爸爸不斷投訴媽媽，說她對所有事反應都很大，試過女兒從沙發掉下來，當時其實兩夫婦都在家，只是媽媽正在用電腦工作，她認為丈夫看顧女兒不力，便把他罵個「狗血淋頭」，丈夫覺得非常不忿，於是跟太太狠狠地吵了一頓。正當他們吵得面紅耳赤之際，女兒突然把頭撞向牆，然後大哭起來，他們頓時嚇呆了，立刻停止爭吵，前去哄哄女兒，並檢查她有沒有受傷，事件着實擾攘了好一會兒。回想起來，女兒好像自那次開始，便出現了自殘行為。

　　其實絕大部分情況，父母不是不知道子女行為背後的原因，有時只是不知道原來自己的行為會直接或間接導致子女扭計，甚至更嚴重的行為問題。就以這個家庭為例，為什麼那次事件後女兒會出現自殘行為？在一次偶然的機會下，女兒以自殘行為制止了父母一場激烈爭執，因為當自己有事時，父母會把焦點集中在自己身上，而這種方法基本上是萬試萬靈的，孩子不知不覺便養成了習慣，家裏氣氛一旦不對勁她便自殘，感覺上可能比置身於父母激烈的戰場更容易接受。你會問，孩子有這麼「懂事」嗎？我可以告訴你，孩子根本不明白當中的原委，只是她作出了自殘行為之後，「獎賞」是父母停止爭吵，效果屢試不爽，於是這種行為便一直持續。

應對方案

　　做家長真的不容易，如果你是這兩位家長，你可以做些什麼？孩子的情況很令人擔憂，可是問題的源頭可能是夫婦的感情問題，你可願意為孩子的福祉着想，兩個人好好地坐下商量，如何改善兩人的關係、對事物的看法，想辦法改善兩人的溝通方式，以體諒代替互相指責，以談話代替爭吵。你會選擇把孩子推給不同的專家去「解決她的問題，矯正她的行為」？還是正視夫妻間的不和，設法改善家庭的環境氣氛？凡此種種，作為一個局外人的輔導員，我只能為你們提供意見，最終的選擇權始終在你們手上。我正為你們的孩子擔心，他不斷地進出診所、治療室，其實不會令孩子的狀況有所改善，因為家庭的環境氛圍決定了孩子的情緒行為。為了孩子着想，請正視你們自身的問題！

停一停，想一想

1. 你的個人問題，或是夫妻間的相處問題，有否正在影響你的孩子？

2. 這一刻，你有沒有勇氣去面對、去解決上述的問題？從而釋放你的孩子？

─────── 教養錦囊 ───────

近來跟一位家長聊天，告訴他許多時孩子會在不自覺的情況下「製造」很多問題來「掩蔽」家裏其他問題，這位家長露出一副不能置信的表情，認為我在說天方夜談。事實是每一本家庭治療的教科書都會關注這類情況，而相關情況也十分普遍。如果你的孩子經常扭計或有其他行為問題，原因讓你百思不得其解，也可以循這個方向想想，看看能否解決你的疑問。

7. 我一定要……

　　才六歲的悠悠，幾乎每句話都是以「我一定要……」來做開端的：我一定要買玩具、我一定要去公園玩、我一定要去快餐店……父母每天都被她指揮得團團轉，因為只要他們「逆女兒的意」，她無論何時何地都會扭起計來。扭計的方法包括哭鬧、不肯離開，甚至打電話向祖父母投訴，無論什麼方法，最終父母多是無奈投降。其實悠悠的父母也並非老是遷就她，而是他們的管教方式很反覆。雖然大部分時間都遷就女兒，但有時爸爸也會很嚴厲責罵她，喝止她在街上哭鬧；不過隔一會兒，又會以其他方法哄回女兒。另一方面，悠悠是祖父母惟一的孫女，他們也很縱容她，每次探望祖父母，他們都會買一大堆玩具、禮物、零食給她，每次家庭聚會都會帶她到玩具店任選玩具，令這個小女孩恃寵生嬌。

個案分析

　　其中一個教好孩子的關鍵是父母必須堅持自己的管教方針，反覆不定、朝令夕改，不但會令孩子很困惑，對執行紀律也會產生極負面的影響。因為同一件事情這刻可以做，下一刻卻不可以做，孩子會不信服，例如幾乎每次經過玩具店，爸媽都容許我買玩具，但忽然一天，我又要求買玩具，爸爸突然不許我買，我當然不肯，哭鬧着堅持要買，只要我哭一陣子，爸媽又會就範，即使年紀再小的孩子也會懂得看準這個漏洞，久而久之，扭計便成了孩子所向披靡

的武器。

應對方案

管教孩子即使不打不罵，也有許多可行的方法：

(1) 訂下協議

我不建議父母嚴苛、一意孤行地教導子女，但過分寬鬆縱容也會養出沒有責任感、嬌縱放肆的孩子，因此父母必須平衡各方的考量，做到恰到好處。如果你的子女某程度上已有點嬌縱，你可以嘗試在有需要的情況下跟他訂立協議，但協議過程中，雙方必須都有發言權，也有需要互相了解彼此的想法和感受。就以買玩具為例，你可以告訴孩子，從今以後不可以每次經過玩具店都買玩具，你可以提供他選擇：每月買一次、每半個月買一次，或是每星期買一次，其實你心裏或已認可每星期是可以買一次玩具的，只是所有人都覺得有選擇感覺會好些，而你也預計他會選擇每星期買一次，於是雙方都會滿意這個談判結果。

(2) 如果孩子出爾反爾，你也有不同方法應付：

i. 外出前你可以告訴孩子：「一會兒你們會經過玩具店，但這個星期已買了玩具，所以今天不可以再買，你扭計的話，我們會立

刻回家，今天的行程也會終止。」要是經過玩具店時他真的扭計，你們便立刻折返家中，貫徹執行你説過的話，只要你堅定不移讓孩子知道你的決心，孩子很快便會學懂扭計是沒有效用的。

ii. 另一個對扭計十分有效的方法便是刻意不理會。你得明白扭計一定要有對象，對象便是可以令孩子達到目的的人，一般情況下孩子的扭計對象是你，有時是其他親友（包括祖父母），如果孩子執意扭計，你可以先把他帶離扭計現場，到一個比較少人的地方，然後靜靜地看着他，最重要的是要對他的哭鬧視若無睹，更不要設法哄他，讓他自己平服下來，目的是要他明白，扭計並不奏效，他不能透過扭計來達到目的。

iii. 如果上述方法已獲取成效，謹記必須就孩子的改變讚賞孩子，例如説：「爸爸／媽媽很欣賞你現在每星期買一次玩具，媽媽覺得你越大越懂事越乖巧，你真的做得很好。」

停一停，想一想

1. 許多父母因子女的習慣和行為苦惱不已，覺得問題都是出自孩子身上，覺得孩子特別橫蠻特別固執，這到底是孩子天生如是？還是後天環境造成？這是很值得思考的課題。

2. 部分父母把寵壞孩子的責任歸咎其他人，然後表示很無奈，例如他們無法阻止祖父母溺愛縱容孩子。想深一層，孩子是你的孩子，為了他的長遠發展着想，你真的什麼也做不了嗎？

———— 教養錦囊 ————

經常遇到父母向我表示，事到如今他們已對子女的行為無能為力，他們不知道怎樣開始去改變子女，他們眼前望到的是高山、是荊棘，根本無法跨越。我會對這些父母說，你不懂得應付當前的困難，並不表示那些困難無法跨越；無論你之前嘗試過多少方法，世界之大、知識之浩瀚，外面總有太多太多在你知識和認知範圍以外的方法你未曾嘗試過，只要你有愛心和耐性，不斷去學習去求新，總有一些方法會有助改變你的子女。努力吧，永遠都不會太遲！

8. 我不要跟同學玩

　　凱晴是一個文靜的孩子，今年就讀小學四年級，她的生活正常，成績中上，從來不用父母擔心。可是家長日當日，老師告訴爸媽凱晴在班上並沒有朋友，在學校只會一個人靜靜地看書，午飯也坐在一角獨自進食，上課時有小組討論或小組家課項目，她總是不大願意參加，跟其他同學可算是格格不入。回家後爸爸問凱晴在校的情況，她回答一切正常，沒有什麼特別，爸爸再問她在學校有沒有朋友，她回答她不喜歡跟同學交往，因為覺得同學都很幼稚，根本跟他們合不來。父母商量過後，覺得情況需要正視，因此便尋求心理輔導。

個案分析

　　很多爸爸都特別疼惜女兒，我曾經不只聽過一個爸爸說，自女兒出生後，他覺得要經常保護女兒，於是女兒無時無刻都跟在他的身後，他覺得安心，女兒也覺得安全，女兒根本完全不會跟同齡的小朋友玩。待女兒長大了，身邊根本沒有談得來的朋友，她也覺得同齡的孩子很幼稚，不屑跟他們做朋友。在學校裏她也抱着這種態度，在分組做功課的時候，沒有同學會主動邀請她加入，孩子雖然嘴硬，其實心裏並不好受；由於這種個性，即使被分派到組別，孩子也是不喜歡跟同學合作，於是小組學習對孩子而言並非可以享受的學習過程。

　　現代家庭孩子生得少，父母都視自己的子女如珠如寶，因而衍生出許多問題。不少獨生子女欠缺社交能力，也不懂得跟其他人分享，甚至討厭別人「入侵他的地盤，擾亂他的世界」。可是通常父母都會忽略這種情況，又或者根本是他們造就這種情況出現。隨着孩子日漸長大，人際關係這個關口便成了他們待人接物的一大考驗。可悲的是，要一個自小便少跟人接觸的人學習與人交往是極度困難的，所以父母得讓孩子從小習慣與人相處，學懂建立人際關係，以免將來情況無法逆轉。

　　曾接觸過幾個個案，當事人由於在學校和同學合不來，也沒有知心朋友，學校生活並不快樂，這些孩子比較容易藉故曠課，令家長十分擔心。花了這麼多篇幅去闡述孩子不合羣的害處，是希望提醒父母必須正視這個問題，不要因為覺得你的孩子特別寶貴，便刻意令他跟其他孩子隔絕；也不可以過分保護他，令他白白錯失跟其他孩子交朋友的機會，因為這樣會為你和孩子帶來許多意想不到的煩惱。

應對方案

父母可如何教導孩子學習與人交往：

(1) 如果你的孩子是獨生子女，我建議你多帶孩子參加家庭或朋友聚會，讓孩子有機會跟同齡的小朋友相處。要是孩子和小朋友產生摩擦或糾紛，要讓孩子用自己的方法解決，你千萬不要干預，更不要偏幫自己的孩子。曾經見過有父母帶獨生女兒到公園玩，媽媽竟然把正在玩鞦韆的孩子趕走，讓自己的孩子坐上去。試問有這樣專橫的家長，誰家的孩子敢跟你的女兒做朋友？如果你事事干預，孩子便沒有機會去學習自己解決問題。

(2) 為孩子擴闊社交圈子，讓他有機會接觸不同的小朋友，可以替他報讀興趣班，參加義工服務等，讓他及早學習與其他人相處，為他日後的人際發展奠下良好基礎。

停一停，想一想

1. 父母一般以為，只要孩子的學業成績滿意、身體健康，便一切都沒有問題。其實孩子的人際關係對他的情緒會有很大影響，平常你有沒有關心到孩子的人際關係呢？

2. 雖然你很愛護孩子，但你願意放手讓他去跌跌碰碰，學習處理他的人生嗎？

教養錦囊

　　過往幾年，我曾經接觸過許多家庭，因為孩子不肯上學以致家無寧日。這些孩子都有一個共通點，便是在校內跟同學的關係都不大好。年輕人很重視自己的朋友，許多時甚至覺得朋友比家人更重要，其中一個吸引孩子上學的原因，便是他們可以在學校跟好朋友共處。如果你的孩子年紀還很小，不妨想想這個問題，可能你會選擇更着重培養孩子的人際發展。

---

9. 我要第一

迅宜就讀小學二年級，據爸爸說她是個「完美主義者」，無論做什麼都要做到最好，讀書她想考第一名。無奈無論她多努力，總是徘徊於二、三名之間，從來跟第一名無緣，這令她很不開心。不單在學業上，其他範疇她也要爭第一，例如家人外出，她一定會奪門而出，務求第一個踏出門口；電梯按鈕也必須由她按，如果其她電梯乘客比她早一步按了鈕，她會即時嘟起嘴非常不開心。父母對於迅宜的態度十分不贊同，每次她因為得不到第一而不開心甚至發脾氣，爸媽就會對她說做人不要太緊張，凡事看開點等勸導的話，可是迅宜依然故我，從不聽進耳裏。爸媽覺得很困擾，希望能改變女兒。

個案分析

雖然是老生常談，但孩子其實就是你的一面鏡，孩子的性格行為，大部分都在反映父母的性格行為。爸爸說女兒是「完美主義者」，凡事都要爭第一，這種性格是從哪裏來的呢？言談間爸爸不斷重複自己的學歷有多高、成就有多大，他對人對事有自己的見解和看法，因為他無論面對任何事情，都會去搜集資料，閱讀研究報告，所以任何事情都在他的掌握之中。說到後來，爸爸也承認女兒的「完美主義」或多或少是受他影響。

應對方案

每次迅宜因爭不到第一而焦慮發脾氣時，父母都叫她放鬆、凡事看開點、不要太執着等等。這其實一點效用也沒有，她只會覺得父母不明白她，沒有同理心，不能跟她同步，因此對他們的勸解根本完全聽不進耳裏。其實父母可以循兩個完全不同的方向去嘗試令女兒好過一些：

(1) 爸爸可否改變自己的行事作風？雖然你的學歷很高、成就也很大，是很值得欣賞和令人羨慕的，但你可否放鬆一點，不再每天都在女兒面前提起，因為這會對女兒構成一定的壓力：我有這樣能幹的爸爸，作為女兒的我凡事都必須全力以赴，事事都要爭取第一，否則便有辱爸爸。長期在這種壓力下生活，難怪女兒這麼緊張。

(2) 另一個方向是順應女兒的意願，大力鼓勵她做每件事都全力以赴，務求做到自己能力範圍的上限。但你們可以提醒她，她這樣做無須跟其他人比較，因為無論其他人做得有多好多壞都跟她沒有關係，重要的是她付出了多少努力，有沒有發揮到自己的最高水平。這樣做有什麼好處呢？女兒會覺得你們很明白她，很理解也很支持她的感受和做法；而且女兒有事事求勝的心態也是一股很大的

動力，對於她的學業、將來的事業，甚至追求人生目標，都有很大幫助。如果你們選擇了這個方向，你們便要在女兒旁邊為她打氣，當她遇到挫折時聽她傾訴，鼓勵她跨越障礙。

停一停，想一想

1. 你有否在不知不覺間，把一些價值觀灌輸給孩子，但這些價值觀卻反過來成了你責備孩子的原因？

2. 你有沒有發覺要令孩子改變，其實我們先要明白他的想法，跟孩子同步才能跟他溝通，他感受到你對他的體諒的那一刻，可能便是他肯改變的開端。

────── 教養錦囊 ──────

　　人都喜歡替別人套上標籤，彷彿憑着這個標籤我會對你更了解，更能掌握你的一舉一動。其實作為父母的你，每次在孩子身上套上一個標籤，便等如為他套上一個枷鎖，在父母心目中「完美主義」的孩子，是否一生都要為「考第一」而努力？這種想法到底是屬於你的？還是屬於孩子的？我也說不上來。

─────────────────────────

10. 家務助理要走了

安娜剛升上中學，媽媽認為她已經長大，為了節省家庭開支，於是決定家務助理約滿後便不再續約。安娜知道後很不開心，因為這位家務助理自她三歲起便在她的家工作，基本上她是由這位姐姐帶大的，姐姐一直對她很好，衣食住行各方面都把她照顧得很周到，她很捨不得姐姐離開。自從媽媽告訴安娜不再與姐姐續約後，她一而再，再而三地要求媽媽重新考慮，可是媽媽非常堅決，於是安娜不再跟媽媽說話，每次出入房間都會大力關門以示抗議。

個案分析

許多父母作出決定時，只會考慮實際需要而忽略了孩子的感受，就這個個案而言，我會想這是否最適合的時機？女兒踏入青春期，剛升上中學，正面對適應困難，加上青春期的孩子情緒不十分穩定，要她同時失去自小帶大她的家務助理，對女兒來說是很大的衝擊。對你而言家務助理可能只有雇傭關係，對女兒而言她卻可能視姐姐為一位親人，所以在這段時間要她失去一位「親人」，並非最明智的時機。你會問：既然她們有感情，不是無論什麼時候都不是時機嗎？難道我要跟家務助理簽一輩子合約？

應對方案

在決定與家務助理結束雇傭關係之前，我建議你可以作出以下考量：

(1) 你的孩子跟家務助理感情有多深厚？如果孩子跟她的關係比較疏離，她的離開不會對孩子造成很大衝擊；但如果她們的關係很親密，你便得考慮分開會對孩子構成多大影響？可能你需要預備較多時間讓孩子適應，而不應該在她剛升上中學這個關鍵時刻，要她面對失去「親人」的困境。

(2) 如何去理解孩子的感受？家務助理離去的原因也會影響孩子的感受。如果她因為結婚或家裏有事而主動求去，孩子會較能接受和明白，因為孩子畢竟已上了中學，會較能體諒家務助理的決定。可是現在是因為媽媽覺得女兒已長大，便毅然決定辭退家務助理，通知雙方的時間也只有一個月，即使孩子費盡唇舌，希望挽留家務助理，媽媽還是一意孤行，可以理解孩子會感到很難接受。加上孩子跟媽媽的立場不同，不會考慮經濟和其他方面的實際考量，母女之間自然會生出很大的矛盾。

(3) 何時才是辭退家務助理的好時機？在這個個案中，我會建議媽媽延緩一、兩年，讓孩子稍稍長大，適應了中學生活，也讓女

兒開展了年輕人多姿多彩的生活模式，才辭退家務助理。到時因為女兒已較為獨立，依賴心漸漸消退，對家務助理的依賴和留戀自然相對減少，這會是辭退家務助理較好的時機。

(4) 那麼一般而言應該如何讓孩子適應家務助理的離開？首先你要審視你跟孩子的關係，你有沒有足夠時間照顧孩子？你跟孩子的關係如何？有什麼事他會對你說，會向你求助嗎？你有多了解孩子的生活作息？孩子喜歡和不喜歡什麼食物？他最要好的朋友是誰？他生病了會不會要你抱？晚上睡覺是不是要你哄？還有許多許多……如果你已經預備好了，孩子便不用再依賴家務助理，你才是他最想依靠、最想親近的人，那時便是你辭退家務助理的最好時機。

停一停，想一想

1. 其實父母的角色不可以由其他人替代，如果你的孩子過分依賴家務助理，意味着你給他的時間和關愛都不足夠，你可以就此作出補償嗎？

2. 除了聘請家務助理，以往的人會把孩子帶到托兒所，你能否就這兩種不同的照顧方式作比較？這兩種選擇會對孩子的成長造成什麼影響？哪一種選擇會較切合你的意願和想法？

─────── 教養錦囊 ───────

雖然現在絕大部分雙職家庭都聘有家務助理，但我不大贊成父母讓孩子把所有生活細節都交由家務助理代勞。首先這樣會令孩子變得很懶惰，即使倒一杯開水也要假手於人，這樣成長的孩子，恐怕對任何事都不肯作出努力；其次，父母也應該讓孩子學做家務，一來令他增加對家庭的責任感和歸屬感，而且學習照顧自己也只有利沒有弊，孩子將會終生受用。

曾經親耳聽過一個六歲的孩子說：「我們請工人不是叫她服侍我嗎？當然什麼都要她做！」在我心中那簡直是一隻小魔鬼，不但把人分了等級，還口口聲聲要人服侍，你想孩子變成這樣嗎？

11. 孩子，你可以快一點嗎？

　　小靜過了暑期便升上小學四年級，每晚不到凌晨二時都不會睡覺，原因是她做什麼都很慢很慢。她上的是全日制小學，每天放學回到家大概下午四時，她會吃點東西然後上牀睡覺；到了晚飯時間她也經常不肯起牀，到她睡醒已是晚上八、九時；她磨磨蹭蹭，十時多才開始做家課，做完家課已經凌晨一時多，於是二時才上牀睡覺，這是她日常的作息時間。在生活中其他方面她也是慢得令父母發愁，而且從小至現在她做什麼都是半途而廢，無論是學畫畫、鋼琴、樂理、語言，每次開始時她都會上一陣子課，但當遇到困難後，她便會扭計不肯上課。父母曾帶她見兒童精神科醫生，被評定專注力不足，到底爸媽是否完全無計可施？

個案分析

　　遇到這類個案，通常我第一個提出的問題是：父母一方是否有位是慢郎中，做事總是慢條斯理，答案一般都會是，這已說明了形成女兒習慣的一半原因。下一個問題：請問你們的作息時間如何？父母通常的答案是：我們都很晚才睡覺，所以女兒自小便習慣了這種生活規律。這時我會問：你們願意為女兒改變嗎？如果願意，我們可以慢慢商量對策；如果不願意，我相信女兒改變的機會也不大。

請相信我，你是孩子的榜樣，你要孩子成為怎樣的人，你必須以身作則，謹記身教必定重於言教。部分父母知道睡眠對孩子很重要，有規律的生活方式才能配合孩子的上課時間，可是他們自己偏偏卻不注重生活規律，明明知道自己明天早上要上班，卻玩電腦、看電視劇、看足球比賽至凌晨兩三時，同時卻指責子女晚上不願上牀睡覺，對子女而言可說是毫無說服力。如果你想子女改變，請先改掉自己的壞習慣，以身作則，令她知道為了她好，你也願意改變，而且你做得到，說不定她也願意改變。

至於做事很慢的習慣，其實跟上述的情況差不多，如果父或母一方，甚至雙方都是做事很慢的人，也難怪子女做事的作風如是。這樣，父母對子女做事的進度有所指責，相信子女肯作出改變的機會也不大，父母也需理解。我便曾經遇過這樣的困難：當我建議一對父母改變自己的行事作風，他們的答案是自己也無能為力，我惟有勸喻他們接受自己的子女。

應對方案

近來聽到不少父母投訴，子女做事經常會半途而廢，我覺得最有效的應對方法應該是「預防勝於治療」，預防的方法如下：

(1) 父母應該自小教導孩子做事要有責任感，例如玩完玩具要

自己收拾，不可以依賴家務助理幫忙；自己的功課需要自己去完成，不應該假手家長或其他人，讓孩子養成從頭到尾完成任務的習慣，相信有助減低孩子做事半途而廢的機會。

(2) 我覺得是因為現今很多父母過分溺愛孩子，丁點苦都不讓孩子承受，書包太重不可以讓孩子背；路太遠不要讓孩子走，即使七八歲了外出也讓他坐「嬰兒車」……試問在這種過分溺愛、過分縱容的環境下成長的孩子，怎會願意為任何事情付出努力，反正不喜歡做便不做，父母也奈何不了，更不會逼迫他們去完成任何事情。於是，近來真的出現了一批凡事都半途而廢的孩子，他們令父母很不滿，但他們正是父母縱容出來的成果，不想讓孩子變成這樣，也只有父母才能做到。

停一停，想一想

1. 我們在怪責孩子之際，有沒有先檢討到底孩子的習慣是怎樣養成的，我們在當中扮演着什麼角色？

2. 要孩子改變，如果我們不肯改變，這是否可行？

有時為了讓父母明白，我會很直接地告訴他們，如果你們希望子女改變，你必須先改變自己，他們許多都很為難地告訴我，他們不想也不願意改變。以晚睡為例，你可以想像家裏凌晨兩三時還充斥着電視機和玩遊戲機的聲音，你卻要求孩子十一時前必須上牀睡覺嗎？那是行不通的。

為什麼我要這般直截了當地告訴這些父母，因為如果不跟他們説明，他們便會心存希望，以為一定會有方法改變子女的「壞習慣」，於是他們便會沒完沒了地就同一個議題一直糾纏下去，這樣對雙方都不會有好處，與其這樣，不如早些認清狀況，終止關於這個議題的鬥爭。

12. 什麼都要公平的弟弟

　　嘉謙今年四歲，他有一名十三歲的姐姐，自他入讀幼稚園開始媽媽便苦惱不已，因為無論爸媽叫他做什麼，他的答案都是：「我覺得你們不公平，為什麼姐姐可以這樣，我卻不可以？」例如每晚九時，媽媽便會帶嘉謙進房間，説故事給他聽哄他睡覺。可是嘉謙對此非常不滿，總是嘟着嘴向媽媽抗議：「為什麼姐姐不用上牀睡覺？你們不公平！」

　　日常嘉謙口中的不公平真的多不勝數，包括：為什麼姐姐可以選自己喜歡的衣服來買？為什麼姐姐星期六可以跟同學出去玩？為什麼姐姐可以有自己的房間，我卻要跟家務助理睡上下格牀？總之，爸媽被他的投訴弄得不勝其煩，很多時根本不知如何應付。

個案分析

　　現今的小朋友都很聰明，他們會懂得利用生活上的各種「漏洞」和機會，去取得自己想要的東西。例如媽媽吩咐他不可以吃太多雪糕，他會趁媽媽不在時，在祖母家裏吃個痛快；爸爸説今天不可以買玩具，他便悄悄地叫媽媽買……凡此種種，反映現在的小孩都很狡猾。在這個案例中，嘉謙便找到了爸媽的「弱點」，他們給姐姐的所有，他也要有一份。但作為成年人，我們很清楚孩子在不同成長階段會有不同需要，也各自有適合自己年齡需要的東西。一

般父母通常會花很多唇舌嘗試去說服嘉謙，希望他理解姐姐的年紀和他不同，所以可以擁有的東西會有不同，可是這種方法未必奏效，因為無論他們說什麼，嘉謙都只會說他們不公平。

應對方案

面對嘉謙的情況，我會建議父母「以子之矛，攻子之盾」，令嘉謙自動投降，主動放棄這個「什麼都要公平的遊戲」。要做到這樣，父母便需要化被動為主動。

之前父母總是被嘉謙質疑這樣、那樣做公不公平，每次父母都要耗盡心思去解釋事情到底公不公平，這不是很累嗎？其實父母可嘗試以後在做任何決定之前，都問問嘉謙，比如對他說：「爸媽這就跟你們去吃早餐，你告訴我們，叫A餐給你吃，B餐給姐姐吃公平？還是兩姐弟應該吃同一個餐比較公平？可是明明A餐是你喜歡吃的餐，B餐是姐姐喜歡吃的餐，如果都吃A餐便對姐姐不公平，都吃B餐便對嘉謙不公平，那麼我們應該叫你們兩個都不喜歡吃的C餐，這樣才最公平。」嘉謙肚子越餓，父母便要討論得越久，務求令他覺得煩厭為止。

此方法執行時可注意以下兩點：

(1) 既然日常這麼多生活瑣事要決定公不公平，父母事無大小都要跟嘉謙討論，而討論的時間要專挑嘉謙在玩耍的時候，在吃東西的時候，在看電視的時候，目的是阻礙他做他喜歡的事情。

(2) 還有父母需要藉着這些討論來「剝削」嘉謙現有的福利和特權，例如可以跟他說：為公平起見，我們已很久沒有給姐姐買玩具，因此你也不可以買玩具；姐姐每天放學回家都沒有吃點心、蛋糕、雪糕等，從此你也不可以吃，要不便對姐姐不公平；還有，姐姐每年也沒有叫小朋友回家開生日會，所以你五歲生日也不可以開生日會……

如果父母做了上述這些行動，相信嘉謙很快便會知難而退。

停一停，想一想

1. 小朋友在成長階段，經常會向父母提出一些刁難古怪的要求，你會如何應付這些要求？

2. 你有否為自己保持一顆童心和好奇心，嘗試以孩子的眼光看世界？如果你可以，相信很多孩子令你煩心的事情，會變成新鮮有趣的題目。

教養錦囊

　　我經常鼓勵父母要有幽默感和想像力，也要有寬大的胸襟，隨時迎接孩子帶給你的挑戰和考驗，如果每件事情你都太嚴肅太認真地看待和處理，不但你會很辛苦，孩子也會很辛苦。多嘗試用出人意表的方法去打破固有的惡性循環，說不定一個笑話，一句「對不起」便能化解彼此存在已久的心結。

13. 發惡夢的秀秀

秀秀升上小學一年級不久，晚上便開始發惡夢，每晚半夜都會哭着走進父母房間，說夢見有惡鬼和怪獸追着她。起初媽媽會抱她回房間，哄她睡着便離開，但隔兩小時，秀秀又會跑進父母房間，表示很害怕不想一個人睡，近兩三個月甚至不肯一個人睡，要跟父母睡在一起。秀秀的父母因此十分困擾，一方面擔心女兒為什麼會經常發惡夢，另一方面她始終已大個女，不可以每晚都跟父母睡。媽媽曾帶秀秀見醫生，醫生也向她解釋世界上根本沒有怪獸，可是她的情況並沒有改善，還繼續發惡夢。

個案分析

除了處理輔導個案外，我還是一名催眠治療師，經常協助案主處理失眠問題。根據臨牀經驗，要有效處理任何人失眠或睡不安寧的狀況，無論是小孩子還是成年人，必須先了解構成這種狀況的原因。

就秀秀的情況，我首先想到的是：她為什麼會發惡夢？她未發惡夢之前睡眠狀況如何？她是從小便睡得不安穩，還是有什麼導致她睡不安寧？

父母必須注意，如果孩子行為上或情緒上有明顯的變化，通

常是有事情發生了，例如環境的改變、生活有轉變、由不同人照顧等，均可能誘發孩子出現異常狀況。

　　根據秀秀的父母說，她的惡夢自升上一年級開始，於是我便從她升級後生活上的轉變開始了解。原來秀秀自升上小學後，生活上出現了一連串的重大轉變。秀秀出生後家裏雖然聘請了家務助理，但婆婆以往每天都會到秀秀家幫忙照顧她，然而，自升小一開始，她的小學是全日制的，媽媽覺得婆婆年紀漸長，為免她舟車勞頓，便不用婆婆每天到秀秀家。秀秀自小由婆婆照顧，婆孫之間感情很好，秀秀跟媽媽說過希望婆婆繼續過來，但經媽媽解釋後秀秀也明白婆婆每天跑來跑去很辛苦，所以即使不捨得，她也無奈接受婆婆不再來的事實。

　　另一方面，秀秀入讀的小學是一所程度高的學校，功課很多，學習的科目也很艱深，跟以前讀幼稚園時有很大對比。雖然父母沒有特別逼迫她要名列前茅，但單是完成家課、應付日常的測驗考試已令秀秀壓力很大。加上她一直也有學習樂器、畫畫、普通話等，秀秀覺得很辛苦，但她是個很乖的孩子，父母替她安排的她都會照着做，從來不會扭計反抗，她的惡夢也可能因此而出現。

應對方案

從以上分析可見，誘發秀秀發惡夢的原因主要有兩項：升讀小學的適應困難，以及不能再由婆婆照顧。針對這兩項原因我們可以嘗試以下的應對方法：

(1) 在這段適應期，秀秀承受的學業壓力已很沉重，父母應該盡量減少她的課外活動，讓她有多些時間專注在校內課程上，也能有足夠時間休息。此外，父母還需要親自協助她應付功課和測驗考試，一方面教導她，同時也要鼓勵她的成果和進度，請避免把分數掛在嘴邊，以免增加女兒的壓力。

(2) 至於婆婆的問題，許多小朋友因為跟照顧她的人分開，都會有焦慮不安的情況出現。爸媽可以鼓勵秀秀每天跟婆婆定時通電話，和婆婆聊聊天，也問候一下婆婆，這樣對婆婆和秀秀都有心理上的安慰；周末也可以帶秀秀探望婆婆，相信對孩子的情緒會有安撫作用。

(3) 其他有助秀秀安睡的方法，包括：睡前喝一杯溫牛奶；睡前幾小時避免玩得過分激烈；爸媽邊說故事，邊哄孩子入睡等。

停一停，想一想

1. 成年人經歷了許多人生轉變，例如升學、就業、轉職，甚至結婚生子……可能會覺得轉變是平常事，但對於年紀小小的孩子來説，任何一方面的轉變可能都已很難適應。請留意你的孩子目前有沒有面對新的環境、新的挑戰？如果有，請你耐心地從旁協助並多加鼓勵，讓他們順利過渡人生每個階段。

2. 大部分父母認為，絕對服從父母安排的孩子便是最乖的孩子。但如果孩子只懂逆來順受，從不表達自己的感受，也不懂釋放內在的壓力，長遠而言，會導致孩子的身心出現各種症狀。如果想孩子健康成長，你是否需要讓孩子學懂適當地拒絕某些安排呢？這是父母值得深思的問題。

—— 教養錦囊 ——

我很欣賞秀秀的父母，他們並沒有苛求女兒的學業表現，當他們得悉女兒可能有適應方面的困難，便很快在工作上作出安排，每晚輪流協助女兒做家課和溫習。他們也採納我的意見，焦點集中在鼓勵女兒適應新學校的進度，而不是成績的進步。同時也加強女兒跟婆婆的聯繫和接觸，令女兒明白她沒有失去婆婆。在種種改變下，秀秀再也沒有發惡夢，睡覺也睡得很安穩。

14. 媽媽，不要上班！

這兩三個月以來，媽媽不知為了女兒的行為流了多少眼淚，因為每天下班回家，女兒都拿東西朝媽媽扔過去。第一次發生的時候媽媽很憤怒，不知道女兒為什麼要這樣做，細問之下，原來女兒很討厭媽媽每朝一早上班去，很晚才回來。只有三歲的女兒每次有機會便會抱着媽媽叫她不要上班，她不想每天都對着家務助理，她想媽媽在家陪她。知道了原委之後媽媽很為難，拚命地向女兒解釋媽媽必須上班賺錢養家，又說買食物必須要錢，買玩具也要錢，所以媽媽便要上班。可是才只有三歲的小人兒怎會聽得懂，於是每天見媽媽回家照樣拿東西扔她，女兒說：「我叫你不要上班，你還是天天留下我！」

個案分析

我問媽媽女兒每天拿東西扔她，她的反應都是怎樣的？她說心情還可以的那天，會稍稍訓斥女兒一兩句；如果那天心情不好，也曾經動手打女兒，雖然她動手後非常內疚，畢竟她心底裏明白女兒根本沒有錯，只是想媽媽留在家照顧自己，是每個孩子都渴望的，無奈生活迫人，根本無法辭去工作做全職主婦，可是也阻止不了女兒的行為，有時焦躁起來，便忍不住動手打了女兒，但每到最後往往抱着女兒一起哭。

應對方案

媽媽其實可以有不同的做法回應女兒：

(1) 如果女兒再向你扔東西，請不要再責罵她，你可以上前把她擁在懷裏，然後對她說：「媽媽知道你很掛念媽媽，媽媽也是整天都掛念着你！」在本書第二章〈2. 第二式：先處理孩子情緒，後處理行為〉（本書P.39）一文中，我曾提過在孩子發脾氣的時候，如果你以打罵方式來處理，只會令情況陷入僵局，反之你先處理她的情緒，孩子才會緩和下來，停止不理想的行為。

(2) 此外，這也是教導女兒的好時機。如上所說，媽媽可以藉此告訴女兒其實媽媽也很愛她，也經常掛念女兒，女兒感覺一定會比較好。我也鼓勵媽媽藉機教導女兒「同理心」，當女兒用東西扔她時，她可以捂着被扔中的地方，做出很痛苦的表情，告訴女兒她很痛，要求女兒親她哄她，問問女兒希不希望媽媽也拿東西扔她。正所謂「己所不欲勿施於人」，我認為這是非常重要的概念，每個孩子都應該從小學習的。

(3) 較深層的處理方法是要改善親子關係。女兒一再投訴媽媽沒有足夠時間跟她共處，這是客觀事實，但對一位全職媽媽而言這也是無法改變的事實，既然我們無法改變「量」（變出多點時

間），我們便須從改善「質」着手。許多媽媽下班後便把所有時間放在教導子女做家課，督促他們溫習，而這些「溫習時間」往往是雙方角力的時間，通常氣氛都不會太好，然後便是孩子上牀睡覺，明天又是另一天，試問親子間的感情如何培養出來？要改善親子關係，雙方必須有開心的共處時間，比如：

i. 睡前的講故事時間，媽媽可以跟孩子聊聊天，不只單方面地問孩子每天的瑣事，還可以告訴孩子自己每天的生活情況和心情，彼此習慣交流溝通，當然我也建議爸爸參與講故事時間，跟孩子建立美好的共處時光。即使晚上父母需要加班或應酬，回家孩子已經睡着了，我也建議你們進孩子的房間，坐在孩子的牀邊拍拍他輕吻他，透過這種溫柔的動作，孩子絕對可以感受到父母對他的愛。

ii. 還有要好好利用早餐或送孩子上學的時間，假日也要安排開心的親子活動等等，這些都有助改善父母和孩子的關係。

1. 假如你的時間有限，有什麼方法可以改善你跟孩子共處時的質量 (quality)，使自己不需每天都活在內疚當中？

2. 對於孩子的要求，你應該怎樣回應才較為適合？如果不懂回應或不可以即時處理的問題，裝作聽不到或若無其事是否便可以混過去？畢竟孩子年紀還小，説不定過一會兒他便會什麼都忘記？

教養錦囊

成年人經常有種誤會，以為只要有耐性地詳細向孩子解釋，孩子便「應該」明白我們的處境，從而變得乖巧聽話，免卻我們粗心；如果多番教導孩子，孩子還是「冥頑不靈」，那便是孩子壞，孩子不懂事。但想深一層，孩子的人生經驗有限，絕大部分時間他們根本聽不明白我們在説什麼，他們的行為由內心的感受和情緒作主導，透過行為表達出來，那種表達方式其實很直接，並不涉及善惡好壞，爸媽無須把孩子套上壞孩子的標籤，説到底只是孩子不明白，而不是他有意與你為敵。

15. 愛哭鬼

婷婷還差兩個月便滿四歲，她是名副其實的愛哭鬼，無論要什麼想說什麼，總是說不到兩句便哭起來：「媽媽，我（眼淚大滴大滴地掉下來），我要⋯⋯我要⋯⋯」話還未說完便已經抽抽噎噎。簡單而言，婷婷肚子餓會哭；疲倦會哭；在幼稚園想跟小朋友要玩具玩會哭；被爸爸說兩句，也會哭！由於婷婷是獨生女，爸媽總是遷就着她，況且她年紀還小，他們覺得待她大一點，情況便會改善。豈料隨着日子過去，婷婷的情況不但沒有改善，簡直可以說變本加厲；爸媽開始感到來自各方的壓力，學校老師希望他們教好婷婷，親戚的小朋友不再跟婷婷玩，因為每次她總是哭哭啼啼，令人煩心之餘，也不想長輩以為表兄姐欺負她。爸媽對婷婷軟硬兼施，她的情況也毫無改善，現在爸媽對着婷婷除了想哭，也不知道可以做什麼。

個案分析

看來婷婷除了哭，根本不懂得以其他方法來表達自己的情緒，以及自己想要的東西，因此父母必須着手教導她如何表達自己。從今開始，父母不要鼓勵女兒以哭鬧來取得她想要的東西。爸媽可能會反駁：我們哪有鼓勵她？只是她要這樣我們沒有辦法而已！（說着的時候父母可一臉委屈）事實是每次女兒只要使出她的「絕招」——哭，你們便忙不迭地滿足她的要求，變相鼓勵她的行為，

這便是她一直以哭來表達自己的最大原因。

應對方案

父母可如何教導婷婷表達自己：

(1) 父母必須教導和鼓勵她以語言來表達自己。想吃東西，應該說：「爸爸／媽媽我肚子餓，想吃東西。」而不是：「嘩（眼眶一紅，眼淚便滾下來），我要吃東西！」如果她哭，便不要給她想要的，反之，只要她好好地說，你便立刻滿足她的要求。只要反覆訓練，無論在什麼事情上，只要她好好地說，你們便稱讚她做得很好，配合她的要求，久而久之，她便會以開口表達來代替哭泣。

(2) 另外，請你參考本書第二章〈9. 第九式：加強孩子的表達能力〉一文（本書P.67），如果孩子的語言還未足夠表達她的日常需要或她的情緒，我們可以多跟孩子對話，使她可以從對話中學習到許多新的詞彙和表達方式，對於加強她的表達能力會有很大幫助。我非常鼓勵爸爸跟孩子多對話，因為你的語言運用方式、表達方法會跟太太有所不同，想孩子學得更好更全面，你需要花點功夫和時間跟孩子溝通相處，讓孩子有機會集你們兩人的大成。

(3) 由於婷婷是「愛哭鬼」，連親戚和同學都對她避之則吉，這意味着孩子的人際關係應該不大好，孩子應該會因此而不開心，畢竟人是羣居動物，受其他人排斥肯定會很難受。當你在家好好地訓練孩子的表達能力後，你會觀察和感受到孩子的轉變，這時你便需要鼓勵孩子在學校和在親戚聚會中也要用語言表達自己，讓其他小朋友和親戚也感受到女兒的轉變。你也可以提示老師和親戚讚許孩子的改變，讓她親身感受到原來好好地說話，可以獲得其他小朋友的友誼，會有人願意跟她一起玩一起吃東西，又會得到大人的讚許。在這種良性循環下，相信女兒「愛哭鬼」的惡名很快便會摘去。

停一停，想一想

1. 雖然你家的孩子未必是愛哭鬼，但他懂不懂以語言表達自己呢？他敢不敢表達自己的真正需要？

2. 即使你已是成年人，但你究竟懂不懂得表達自己？敢不敢向其他人表達自己的意願呢？

──────── 教養錦囊 ────────

　　有一個教育孩子的重點可能較少專家會向你提到，就是我們除了要訓練孩子運用語言外，也要刻意採取正面的說話技巧，因為一個人的思考方式和他的世界觀，往往跟他運用的語言有莫大關係。舉個例子你便會明白，如果早上出門時，你跟孩子說：「今天在學校不可以頑皮啊！」前設是你的孩子是一個壞小孩，你預期他會在學校犯規，因此你預先警告他不可以頑皮；相反，如果你跟孩子說，今天在學校過得開心點，孩子會覺得學校是一個愉快的地方，我可以在那裏享受學習生活。

　　你會問：就這少少的變化會對孩子的思考方法有影響嗎？當然有影響，如果每段對話我們都用這個方式表達，日積月累，便會有許多正面的信息、正面的人生觀傳遞給了孩子。

16. 寵壞了的小皇帝

　　大山人如其名，小學三年級已跟媽媽一樣高，體重將近二百磅。大山之上有四個姐姐，他是爸媽好不容易才追到的兒子。據他媽媽説，家裏上下都待他如珠如寶，凡事都有求必應，要吃的有吃的，要玩的有玩的。他每天大部分時間不是玩遊戲機，便是窩在沙發看電視。原本這樣的生活一直相安無事，但近來兒科醫生警告媽媽，如果大山還不減肥，健康很快會出現嚴重問題；另一邊廂，老師也告訴媽媽，大山對學業毫不關心，做家課馬馬虎虎，考試測驗也經常不合格。媽媽這時才驚覺再這樣下去可能會毀了兒子的一生，她這時着急起來，卻不知應從哪裏着手令兒子改變。

應對方案

　　父母應先審視兒子現時的生活模式，了解哪些生活習慣導致兒子身體過重的問題？另外，他為什麼對學業採取放任的態度呢？

(1) 體型方面

　　很明顯大山之所以身體過重是因為他缺乏運動，飲食也過分放縱。要協助這類孩子減肥絕不是易事，父母必須以身作則，把孩子帶離沙發，也要開始控制他的飲食。

　　i. 過胖的孩子不適宜立刻以劇烈運動來減肥，父母最初可以安

排飯後帶他到公園散步，散步之餘也可以跟孩子閒話家常，多了解孩子的想法，也告訴他一些你們的日常瑣事，以增加彼此的了解。

ii. 當他習慣了散步，便可以安排周末到郊外或水塘區遠足，讓他呼吸一下新鮮空氣。平常也可以為他安排經常參與運動的機會，例如學游泳、中國功夫、跆拳道等等，一方面可以鍛煉他的體格，另一方面也有助訓練他的紀律。

iii. 至於飲食方面，父母可以請教醫生或營養師，為兒子設計減肥餐單，盡量為兒子戒掉進食大量食物的習慣，加上配合適當運動，由於孩子的新陳代謝較好，要減肥並不困難。但父母必須謹記減肥之事切忌操之過急，有些父母以為只要不給孩子吃，孩子自然便會瘦下來，可是這樣做可能會有反效果。孩子減肥適宜少吃多餐，只要選擇低脂、低糖、低鹽的健康食物，而且每餐的份量好好控制，孩子才不會因肚餓而發脾氣，或當可以吃時便狂吃，因而破壞減肥計劃。

(2) 學業方面

大山的家裏是做生意的，祖父母和爸爸覺得大山讀多少書不重要，反正希望他長大繼承家族生意，所以自小便忽略孩子的學業。如果媽媽想重整大山的學習態度不能操之過急，必須先培養孩子的學習興趣，她可以嘗試：

i. 假日帶孩子到郊外、太空館、海洋公園等不同地方，讓孩子接觸外面的世界，不要整天窩在家裏打遊戲機。在參觀不同的地方時，媽媽可多觀察孩子對不同事物的反應，看看他會不會對某一種事物特別有興趣，例如如果他對海洋生物尤其感興趣，媽媽可帶他到書店、圖書館等地方尋找相關資料，讓孩子習慣閱讀和搜尋資料，更重要的是培養孩子的好奇心，這對於他的學業會有很大幫助（請參考本書第二章〈7. 第七式：鼓勵孩子探索世界〉一文，P.59）。

ii. 大山的媽媽如果真的希望孩子好好讀書，必須向他灌輸「他可以好好讀書」的觀念，如果長輩（尤其父母）從小便向孩子灌輸「讀書沒有用」、「我看你也不是讀書的材料」這類觀念，孩子很有可能會輕視讀書。其實孩子很大程度是根據父母對他的期望去選擇生活方式，你說他做不到，他便會做不到，你一直在旁邊鼓勵他，告訴他人生只要有目標，朝着目標努力進發，總有達到的一天，相信孩子才有動力去努力讀書。

停一停，想一想

1. 這一代的孩子多了許多「沙發薯仔」(Couch potato)，特點是整天窩在沙發上吃零食、看電視或打遊戲機，這樣對健康極為不利，你的孩子是其中一個嗎？

2. 有父母認為書是非讀不可，有父母覺得孩子只要有賺錢的本錢和技能便無須辛辛苦苦地讀書，你是哪一類父母？其實你有沒有想過，讀書除了為孩子鋪好「錢途」外，還會為孩子帶來什麼？又會如何影響孩子的整體成長？

教養錦囊

　　曾經遇過很多重男輕女的傳統家庭，父母把所有愛、所有家庭資源全灌注在家中惟一的男丁身上，從小便溺愛他縱容他，他從來不需要為家庭出半分力，因為所有家事，甚至賺錢養家的責任都落在女兒身上，於是家中的獨子，許多都變成沒有責任感，不好好讀書，在外面闖禍便要家人為他善後的人。如果你真的愛你的孩子，自小便要好好教導他，教他愛家人，對家庭要有責任感、要自律、要用功讀書，這才是愛孩子的方法，而不是縱容他成為一個沒用的「土皇帝」。

向扭計説不

作　　者：黎潤芬
責任編輯：劉慧燕
美術設計：李成宇
出　　版：新雅文化事業有限公司
　　　　　香港英皇道499號北角工業大廈18樓
　　　　　電話：（852）2138 7998
　　　　　傳真：（852）2597 4003
　　　　　網址：http://www.sunya.com.hk
　　　　　電郵：marketing@sunya.com.hk
發　　行：香港聯合書刊物流有限公司
　　　　　香港新界大埔汀麗路36號中華商務印刷大廈3字樓
　　　　　電話：（852）2150 2100
　　　　　傳真：（852）2407 3062
　　　　　電郵：info@suplogistics.com.hk
印　　刷：永利印刷有限公司
　　　　　香港黃竹坑業發街4號萬興工業中心5樓
版　　次：二〇一四年七月初版
　　　　　10 9 8 7 6 5 4 3 2 / 2016

ISBN 978-962-08-6177-2